岩立京子／河邉貴子／中野圭祐 監修
東京学芸大学附属幼稚園小金井園舎 編集

遊びの中で試行錯誤する子どもと保育者

子どもの「考える力」を育む保育実践

明石書店

もくじ

序章 遊びの中で
学ぶということ （河邉貴子）…007

1 今、「試行錯誤」を探求する意味…008

1．本書のテーマについて…008
2．アクティヴラーニングとしての遊び…009

2 幼児期にふさわしい生活の展開…010

1．本園の特徴…010
2．子どもの生活と遊び…012

1章 子どもの試行錯誤を
4つの様相から捉える （中野圭祐）…015

1 子どもの試行錯誤を考える…016

1．遊びの中の学びと試行錯誤…016
2．エピソードの考察…019

2 子どもの試行錯誤を4つの様相で捉える…024

1．試行錯誤を捉える要素を見出す…024
2．要素をもとに子どもの試行錯誤を読み解く…026

3 4つの様相をもとに子どもの試行錯誤を読み解く…029
1. 子どもの内面の変化から見えてきたこと…029
2. 試行錯誤を通した子どもの学びから見えてきたこと…034
3. 試行錯誤を支えた保育者の援助から見えてきたこと…042

4 まとめ…045

2章 遊びの中で試行錯誤する子どもたち…047
――「扱う」「試す」「工夫する」「挑戦する」

エピソード1 粘土に触る（曽根みさき）…049
● 「扱う」事例（3歳児・5月）

エピソード2 満杯にする（町田理恵）…056
● 「扱う」事例（3歳児・5月）

エピソード3 ダンゴムシ公園を作ろう（山崎奈美）…063
● 「試す」「工夫する」「扱う」事例（4歳児・5月）

エピソード4 作った船を浮かべたい（田島賢治）…074
● 「試す」「工夫する」事例（4歳児・11月）

■コラム1　人に教えるって難しい（田島賢治）…082

エピソード5 何だかワニが立たないんだ（山崎奈美）…084
● 「工夫する」事例（4歳児・12月）

エピソード6 サンタごっこ（菅綾）…091
● 「工夫する」事例（5歳児・11月）

エピソード7 倒れないロボットを作ってみよう（中野圭祐）…099
● 「挑戦する」事例（5歳児・10月）

エピソード8 線路をつなげよう（町田理恵）…108
● 「試す」「工夫する」「挑戦する」事例（5歳児・11月）

■コラム2　ポタジエ、いい香り（吉川和希）…124

3章 試行錯誤を支える保育実践 …129

1 学びの営みとしての試行錯誤の意義（岩立京子）…130

1. 「試行錯誤」の意義…131
2. この研究の意義…136
3. おわりに…138

2 試行錯誤を促す協同性（河邉貴子）…141

1. 事例を振り返って…141

2.　協同的な活動としての遊び…144

3.　おわりに…148

3　学び合う教師 （田代幸代）…150

1.　教師が学ぶということ…150

2.　保育の質は教師の学びの質…151

3.　チーム保育で「専門家共同体」をつくる…152

4.　園内研究会（園内研修）で学び合う…154

5.　おわりに…160

保育者の試行錯誤 ──おわりにかえて （山田有希子）…161

1.　私たちが"試行錯誤"したかったこと…161

2.　試行錯誤を名付けることの意味…161

3.　試行錯誤の学びを分析することの意味…162

4.　試行錯誤は続く…163

序章

遊びの中で
学ぶということ

1 今、「試行錯誤」を 探求する意味

1. 本書のテーマについて

　本書は、東京学芸大学附属幼稚園小金井園舎（以下、本園）の保育実践を通して、幼児期の子どもが遊びの中でいかに考え、さまざまなことを学んでいるかを明らかにしていこうとするものです。執筆者は本園の保育者と、長く本園の保育実践にさまざまなかたちで関わり、研究同人として共に考え合ってきた大学教員4名です。

　本園は国立大学法人東京学芸大学の附属学校の一つとして実践研究に力を入れており、一つの研究テーマを2年から3年かけて追究するということを創立以来続けています。本書で取り上げる「試行錯誤する子どもと教師」は、2015年から3年間の研究テーマで、遊びの重要性を思考力という側面から実践的に明らかにしようとしたものです。これは2017年告示の新幼稚園教育要領の方向性に重なる、時宜を得た研究と言えます。今回の教育改革では「学び」というキーワードで子どもの発達と教育を一貫して捉えることが打ち出され、幼児教育は義務教育とその後の教育の基礎を培うものとして小学校教育との連携をより一層深めるように示されました。もちろんそれは小学校教育の前倒しを意味するものではなく、遊びを重要な学習として生活に位置付ける従来の考え方と変わりありません。しかし、改めて、遊びの中で子どもはどのようにして学んでいるかをつぶさに観察し、考えてみる必要があるでしょう。

　遊びの重要性を説く保育理論は数多ありますが、最も説得力をもって遊びの大切さを語るのは生き生きと遊ぶ子どもの姿そのものではないでしょうか。本書では子どもの遊びのエピソードを丁寧に読み解き、そこから浮き彫りになった遊びにおける試行錯誤の様相をまとめ、遊びの中で学ぶとはどういうことかを明らかにします。

2．アクティヴラーニングとしての遊び

　変化の激しいこれからの時代に必要な資質能力は「21世紀型スキル」と呼ばれ、個人の中に知識が蓄積されることではなく、獲得した知識や技能を使って粘り強く課題に取り組む意欲や、他者と協調して最適解を求めて問題を解決する社会的スキルを含めた資質能力だと言われています。いわゆる資質能力の3つの柱については次章で詳述されていますので省きますが、このような資質能力は従来の一方向的な知識伝達型の教育方法で獲得されるものではありません。学び手である子ども自らが興味・関心をもって対象世界に関わり（主体的な学び）、問題を他者と共に協調的に解決しようとする中で（対話的な学び）、対象への理解を深めていく（深い学び）プロセスの中で育まれるものです。このように目指す人間像が変わったことによって、教育の目標やそこに至る方法や手立ても大きく変わり、これからの学校教育にはグループディスカッションや体験学習など、いわゆるアクティヴラーニングと言われる子どもの主体性を重んじた教育方法が、今まで以上に取り入れられ、学びの質や深まりが目指されることになりました。

　では、幼児教育には何が期待されているのでしょうか。幼児期は能動的な学び手としての基礎が築かれる時期と言われています。だとすれば、幼児期にふさわしい生活とは、大人が一方的に何かを教えたり決めたりする生活ではなく、子どもが環境に能動的に関わることを尊重する生活です。安定した情緒の下で、子ども自身が興味・関心をもった環境に関わることによって生まれるのが「遊び」です。子どもは面白いという情動に突き動かされて遊ぶのであり、何かの目的のために遊ぶものではありませんが、そのプロセスにおいて積み重なる経験を通して、身体機能が発達したり、思考力が培われたり、人と関わる力が培われていきます。改めて、遊びは幼児期の子どもにとって重要な学習であることを確認したいと思います。

2 幼児期にふさわしい 生活の展開

　実践の舞台となっている本園の立地や特徴、保育の重点についておさえておきたいと思います。なぜならば、子どもが遊びの中で試行錯誤できるということは、興味・関心をもった遊びやモノ、コトに主体的に関わる生活が保障されていることが前提だからです。大人が一方的に指導するような保育において子どもの試行錯誤は生まれません。本園の保育者はどのように子ども主体の遊びを中心とした保育を展開しているのでしょうか。

1．本園の特徴

1）遊びを動機付ける園空間

　東京学芸大学附属幼稚園小金井園舎は東京の郊外に立地し、緑豊かな大学のキャンパスの中にあります。大学の門から幼稚園の門までの間にはケヤキ並木やイチョウ並木があり、子どもたちは四季折々の変化を全身で感じながら通園しています。3年保育3学年各2学級ずつの学級編成で、定員は150名です。

　現園舎は1972年に建てられ、一部改修しつつ基本設計を維持して現在に至っています。当時は、幼児の園生活の充実を象徴的に具現化したものとして園舎が設計されるようになった時期であり、本園もその流れの中で各学年の保育室は独立して建てられ、テラス型外通路でつながるように設計されています。それぞれの学年の保育室はホームベースとしての役割を果たし、各年齢の育ちに応じた遊びのための空間が確保されています。保育室と保育室をつなぐテラス型外通路は遊びのスペースでもあり、遊びを媒介として他学級、あるいは異年齢の関わりが生まれる場になっています。また、各学年の保育室の表側と裏側には戸外空間が確保され、室内から戸外へと、半戸外空間であるテラスをはさんで互いの遊びを「見る─見

られる」ように配置されています。ただし、裏側の園庭はデッドスペースになりがちなので、戸外空間のゾーニングについて保育者は試行錯誤を続けています。

東京学芸大学附属幼稚園　小金井園舎　見取図

　園児は基本的には徒歩で登園します。幼稚園に向かう通路は3歳児棟の園庭脇にありますので、子どもは整備された遊び環境を目の端に感じたり、あるいはすでに遊び始めている子どもの様子を横目で見たりしながら、昇降口に向かいます。4、5歳児の昇降口は園舎空間のど真ん中にある通称「中央テラス」にあります。ここから自分の学級を見通すことができるため、多くの子どもが早く遊びたくて急ぎ足で靴を履き替え、自分の保育室に向かいます。つまり、園舎と園庭の構築空間そのものが、子どもの遊びへの動機を高め、子どもの主体的態度を育んでいるのです。

2）教育目標と使命

　教育目標は「人や身近な環境に関わる中で、主体性と協同性をもち、明るく伸び伸びと自己発揮する子どもを育てる」というもので、具体的な子

ども像として「感動する子ども」「考える子ども」「行動する子ども」の３点を挙げています。遊びは子どもが環境に関わることによって生み出す発意としての活動ですから、教育目標を具現化するために遊びが重視されていることは当然ですが、それはただ子どもの遊ぶに任せることを意味しません。教育課程及び長期の指導計画に基づき、週や日といった短期の子どもの生活や遊びが充実するために保育者は何ができるかを常に考え、子どもと対話しながら環境を構成したり、直接的な援助を行ったりしています。

　教育活動の第一の使命は、教育課程の実施を通して就学前教育としての幼児教育の質の充実を図ることですが、教員養成大学の附属幼稚園として学生のインターンシップや教育実習を受け入れることも大きな使命となっています。日常的に学生や大学教員が出入りしており、教育実習生がもたらした教材から遊びが始まるということも見られます。大学内外とのつながりが深いというのも本園の特徴です。

2．子どもの生活と遊び

1）子どもの生活の時間

　１日の保育の流れは年齢によって、あるいは時期によって異なりますが、前述したように「早く遊びたい」と高まる子どもの気持ちを尊重し、おおむね、登園するとすぐに「友達と遊びを進める時間」が確保されます。遊ぶ時間も日によって、あるいは時期や行事との関連で異なりますが、平均すると午前中に90分〜120分は確保されています。

　図0-1はある年の５歳児11月の週案から抜すいした１日の活動の流れです。友達との遊びでは前の週から引き続きの遊び（磁石を使った遊びや忍者ごっこ等）が想定されています。学級全体の活動の時間帯には３週間後に予定されている劇遊びをめぐる活動の導入が計画されています。本園では、自ら進める遊びと、学級全体で取り組む活動とを、いわゆる「自由遊び」と「一斉活動」というように二分して考える保育をしていません。子どもの経験の連続性を重視し、活動形態は異なる場面でも「ねらい」を軸に経験がつながるように活動の内容や方法を設定しています。例

えばこの週の「ねらい」は「友達に思いを伝えたり、友達の話を聞いたりしながら遊びを進めていく」「さまざまな材料や道具の使い方を考えたり工夫したりする」「周囲の状況を感じながら、集団の一員として行動する」の3本でしたが、友達との遊びの場面でも、学級全体の活動の場面でも、保育者はこのねらいを意識して遊びを援助したり、全体の活動を計画したりします。

	14日（月）	15日（火）	16日（水）	17日（木）	18日（金）	19日（土）	備考
日案	11月19日振替休業日	9:00○登園する○友達と遊びを進める	・動物当番（つき茶G）		・動物当番（つき赤G）	・動物当番（ほし青G）	○歌♪うさぎ野原のクリスマス♪にんげんっていいな♪うらしまたろう♪だいだいだいぼうけんの歌○絵本「にじいろのさかな」シリーズ「スイミー」「ペンギンたんけんたい」シリーズ等
		・磁石を使った遊び　・ビー玉転がし　・ロクログや大ブロックを使った遊び・ゲーム屋ごっこ　・ショーごっこ　・忍者ごっこ　・学校ごっこ　・こま回し・短縄　・製作　・もみがらむき　・砂場　・グラススキー　・サッカー・ドロケイ　等					
		10:40○片付ける11:00○集まる・劇の相談11:40○弁当○けやきの庭で遊ぶ・球根を植える・動物当番（ほし茶G）13:00○集まる（学年）・歌の導入・降園準備13:35○降園する	10:30○片付ける10:50○集まる・歌に合わせたリズム遊び、絵本・降園準備11:35○降園する	10:40○片付ける11:00○集まるほし:劇の歌の導入つき:劇の相談11:40○弁当○けやきの庭で遊ぶ・動物当番（ほし赤G）13:00○集まる・歌、楽器遊び、絵本・降園準備13:35○降園する	10:30○片付ける10:50○集まる・歌、楽器遊び、絵本・降園準備11:35○降園する	10:20○片付け10:45○集まる・劇の歌を歌う・来週の確認・降園準備11:10○降園する	

図0-1　1日の活動の流れ（例）

2）生活と遊びを支える保育者の援助

　子どもたちは自分のやりたい遊びをモノや空間を選んで展開しますので、同時進行で複数の遊びが園内のあちらこちらで展開することになります。保育者は一人ひとりの子どもの思いを支えるために、子どもが遊びの中で何を経験しているかを理解することが不可欠であると考え、理解を深めるためのツールとして保育記録を重視しています。現在、日々の遊びの記録は保育環境図に同時展開する遊びの様子とそこでの経験を書き込む形式の「保育マップ型記録」を採用し、記述の視点を明確に（次頁の●印参照）しています。この記録方法は次のような点で効果的であると捉えられています。

・学級（学年）全体の遊びの動きを俯瞰的に捉えられる
・全体の動きと個々の遊び（あるいは一人ひとり）の動きの連関を把握しやすい
・次の日の保育の具体的援助を導きやすい

　例えば、図 0-1 にある「磁石を使った遊び」についての週半ばの記録を見てみましょう。

●子どもの遊びの様子と経験していたこと
　昨日作った自分の車を車庫から出すように動かすことが楽しい。遊びながら磁石の性質に気付きながらパーキングから広場に出て、自由に走りに戻ることで長い時間楽しんでいた。
●次に必要な経験
　それぞれが現状で満足することが多かったり、変化が緩やかだったりするので、自分たちで次の目的を見出してほしい。
●翌日の具体的な援助
　「サーキットにしたい」「町を作りたい」とそれぞれに次にしたいことはあるが、伝えようとするところがあまりないので、仲介したり言い合えるように後押ししたい。今、使っている材料は組みやすく合っているように思うので、やりたいことを合わせて使い方を工夫できるように一緒に考える。

　このように保育者は翌日の遊びの展開を予想し、必要な環境や援助の方向を心づもりしています。理解に基づく予想によって、遊びは持続的になり子どもの内的体験が積み重ねられていきます。遊びが単発的であったら子どもの試行錯誤は深まらないでしょう。もちろんあくまで予想ですから、翌日の遊びは異なる方向に展開するかもしれません。その場合はまた理解し直し、どんな経験が次に引き継がれるかを見届けていきます。このような保育者自身の試行錯誤が子どもの遊びの充実を支えています。
　次章以降で取り上げるさまざまな試行錯誤の事例は、主に「友達との遊びの時間」に見られた遊びの姿です。十分に遊び込むことを保障しようとする本園の方針が事例のベースにあることを心にとめながら、読み進めていただければと思います。

1章

子どもの
試行錯誤を
4つの様相から
捉える

1 子どもの試行錯誤を考える

1. 遊びの中の学びと試行錯誤

　幼稚園で子どもたちと接していると、子どもたちは日々の生活や遊びの中で、さまざまなものや人と関わりながら、ものの特徴や性質に気付いたり、自分なりに試したり、工夫したりしている姿に出会います。

　ある3歳児は、短冊状に用意された色画用紙をハサミで切り、透明なカップに集め、ジュースに見立てて遊んでいました。何度も何度も繰り返し切りながら、透明カップに溜まっていく紙片を確かめています。集中した様子で取り組んでいるうちに1つ目の透明カップが一杯になると、保育者に見せました。保育者に自分のしていることを認められると、安心したような表情を見せ、次のカップを取り出し、今度は違う色の色画用紙を切り始めました。

　4歳児には、タライに溜まった水を砂場に運ぶために、小さなジョウロを使って汲もうとしている子どもがいました。初めのうちはタライに水がたくさん溜まっているため、何の問題もなく水を汲むことができていました。何度も繰り返し運んでいるうちに、タライの水が少なくなったことでジョウロが水につからなくなり、汲みにくくなりました。ジョウロを逆さに入れてみたり、横に寝かせて入れてみたりした後、その子どもはままごと道具のお椀を持ち出してきて、そのお椀で水を汲み、ジョウロに入れるという方法を思いつきました。

　5歳児に目を向けると、4人の子どもが集まって、ボウルに入った石鹸（せっけん）水を泡

立て器で泡立てて遊んでいます。固形の石鹸を、おろし金で細かくし、それに水を加えて混ぜることで、ケーキのクリームに見立てようとしています。石鹸の量と水の量のバランスが肝心で、水が多すぎても少なすぎても泡立たちません。子どもたちは繰り返し遊ぶ中で、だんだんと石鹸の量に対する丁度よい水の量を見極め始め、泡がクリーム状になってきました。

　子どもたちが遊ぶ中で感じていること、気付いていることを、注意深く観てみると、子どもたちは遊びながら試したり、工夫したりしていることが分かります。2017年3月に改訂された幼稚園教育要領では、「主体的・対話的で深い学び」が重要視されています。これは近年、小学校以降の学校教育において、アクティヴラーニングが注目されていることにも関係があるでしょう。アクティヴラーニングは、「主体的な学び」「対話的な学び」「深い学び」の3つの視点を重視しています。そもそも幼児教育においては、子どもたちの主体性や意欲を尊重し、子ども同士がやり取りをする中で葛藤したり、折り合いをつけたりできるような保育を推進し、身の回りの人や環境に主体的に関わりながら気付きを得たり、試したり工夫したりするような遊びを支える保育を続けてきた歴史があります。つまり、幼児教育では以前からアクティヴラーニングの過程を重視する保育を行ってきたと言えるでしょう。

　それらを踏まえると、これまで幼児教育が大切にしてきた「遊び」の中に「学び」があるということが分かります。しかし、一言で「遊びの中の学び」と言っても、その「学び」の捉え方は多様で、ともすれば文字や数字をできるだけ早く覚えさせようとしたり、跳び箱が何段跳べるかノルマを課したりするような保育が「学び」と捉えられかねません。私たちがずっと大切にしてきた「遊び」の中にこそ「学び」があるのだと示すためには、子どもたちが遊びの中で何を感じ、一人ひとりの子どもの内面がどのように変化し、どのような「学び」を得ているのか、丁寧に探ってみる必要がありそうです。

本園では、子どもたちの学びを捉える1つの側面として、「試行錯誤」を取り上げ、研究を行いました（2015〜2017年）。これは今回の改訂でも重視されている、3つの資質・能力にも関連しています。文部科学省中央教育審議会答申では、幼児教育において育みたい3つの資質・能力として、「知識や技能の基礎」「思考力・判断力・表現力等の基礎」「学びに向かう力、人間性等の基礎」が挙げられました。さらにこれらは、遊びを通しての総合的な指導を通して育成されるべきであるとも示されています。このうち、「思考力・判断力・表現力等の基礎」というのは、「遊びや生活の中で、気付いたこと、できるようになったことなども使いながら、どう考えたり、試したり、工夫したり、表現したりするか」ということであると示されています[1]。さらに、その「思考力・判断力・表現力等の基礎」が、具体的にどのような子どもの姿から育成されるかの例として、最

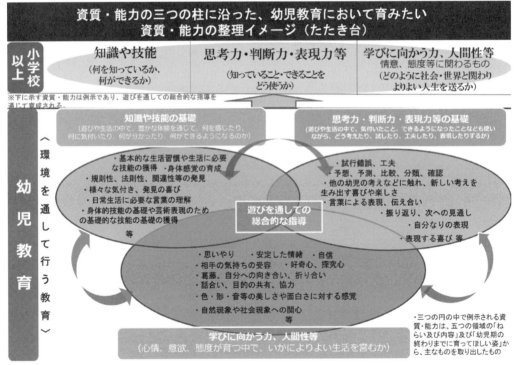

出所：文部科学省中央教育審議会初等中等教育分科会教育課程部会幼児教育部会（第9回）配付資料幼児教育部会取りまとめ（案）別紙より

---

1 『別冊初等教育資料』（2017）2月号臨時増刊、東洋館出版社

初に「試行錯誤、工夫」が挙げられ、続いて「予想、予測、比較、分類、確認」「他の幼児の考えなどに触れ、新しい考えを生み出す喜びや楽しさ」「言葉による表現、伝え合い」「振り返り、次への見通し」「自分なりの表現」「表現する喜び」等が挙げられています。つまり、子どもの思考力の基礎を培う具体的な行動の1つとして、「試行錯誤」が重視されていることが分かります。

　もちろん、子どもたちの遊ぶ姿や学びの内容を1つの側面で切り取り、すべてを語ることはできません。しかし、漠然と子どもの姿を捉えるのではなく、視点を定めて見つめ直してみることにも意味があるでしょう。私たちは、子どもたちが遊びの中で出会う「試行錯誤」の場面を取り上げることで、「遊びの中の学び」を考えるきっかけになると考えました。

2．エピソードの考察

　本書では、これまでの研究の成果を土台にしながら、子どもが遊びの中でどのような学びを得ているのか、実際の子どもたちの姿をもとに読み解いていきたいと思います。

　最初に、本園の保育者らが保育をしながら、「子どもが試行錯誤しているな」と感じたエピソードを取り上げ、その中にある子どもの学びを捉えていくことにしました。

　以下に具体的な例を挙げながら、私たちがどのような方法で学びを捉えようとしたかを示します。

エピソード 0 紙片のティアラ

（3歳児・9月）

　ユイカは、色画用紙を短冊状にしたものを切って容器に入れることを数日繰り返していた。この日は紙片をつなげて遊んでいた。つなげたものを額に当てる動作をした時の表情や様子から、"ティアラを作りたい（つなげたものを頭に被りたい）"という思いが読み取れた。そのため、行為は目的を達成するための手段であると捉えた。つなげて輪にするという作業の中に、確認したり、力を調節したりする姿が見られた。しかし、変化に意図があるというよりは、単純な動作の繰り返しの要素が大きく、結果も偶然によってもたらされている。

子どもの内面の変化

❶紙片をつなげてみようとする（欲求・目的）
❷長さを確かめる（対象との関わり）
❸長さが足りないことに気付く（気付き・学び）

❹何度も長さを確かめる（対象との関わり）

❺慎重に扱いながら確かめる（対象との関わり）

　ユイカは製作コーナーで短冊の紙を繰り返し切っている。数色の2センチ四方ほどの紙片が容器に溜まった。しばらくすると、❶ユイカはその紙片を1枚ずつセロハンテープでつなぎ始める。紙がつながって、❷15センチほどの長さになると額に当てた。（ユイカの耳から耳までくらいの長さになっていた）。すぐに外してまたつなぎ始めた。❸3、4枚付け足すと、今度は輪になるように端と端をとめる。頭にぐいっと押し込むが、長さが足りないためセロハンテープが外れて、またリボン状になってしまった。そのまま、またつなぎ始めた。❹何度か頭に当てて確認していた。途中、友達に話しかけられたことに答えながらも手は休めず、どんどんつなげて容器の中の紙片を全部つなげていた。今度は輪にする前に自分で頭に当てていた。実際長さは足りないが、そのまま輪にして被ろうとした。しかし、輪が小さいので被れなかった。❺先ほどのように力任せにはせず、慎重に被ろうとしていた。被れないと分かると、自分でそっとセロハンテープをちぎ

❻先を予測しながら作る（対象との関わり）

❼長さが本当に合っているか確認する（対象との関わり）

❽保育者に認められて安心する（気付き・学び）

ってリボン状に戻した。
　❻新しく短冊を2枚持ってくると、ハサミで2センチ幅くらいに切る。切り終わるとまたつなぎ始めた。今度は一度も確認することなく、切ったものを全部つなげてから輪にした。偶然、丁度よいサイズで被れた。❼ユイカは被れたことを確認するために、頭の後ろ側に何度も手を当てて、確認していた。❽うまくいったことが分かると保育者の方を見てにやりと笑い、くるくると回って踊りだした。保育者が「ユイカちゃん素敵ね、がんばってつなげたね」と声をかけるとぴょんぴょん跳んだり、また、頭の後ろに手を当ててきちんと被れていることを確認して、ニコニコと笑ったりしていた。

「子どもの内面の変化」では、子どもにとっての試行錯誤のきっかけは何だったのか、取り組みの姿勢はどう変化したか、何に対してどのように気付いたのか、など、内面が変化したと思われる箇所に、担任自身が下線を引き、そこでの子どもの内面の変化を読み取って記述しました。子どもの内面の変化の特徴を捉えることで、子どもの試行錯誤のプロセスを発達に即して捉えられるのではないかと考えました。

子どもの学び

　長さを直感的に感じる姿は対象についての学びである。自分なりの予測をもって紙片をつなげ続ける姿、セロハンテープやハサミを使いながら思うように紙片をつなげようとする姿や、破れないようにそっと被ろうとする姿は、対象との関わり方についての学びと捉えられる。思う通りのものができるまであきらめずに続ける姿や、満足感を味わう姿は、対象と関わる自分自身についての学びであると思われる。

「子どもの学び」では、子どもがこのエピソードを通して何を学んでいるのかを捉えました。幼稚園教育要領解説[2]によると「環境を通して行う教育において、幼児が自ら心身を用いて対象に関わっていくことで、対象、対象との関わり方、さらに、対象と関わる自分自身について学んでいく」とあります。これを参考にし、子どもの学びを捉える視点として「対象についての学び」「対象との関わり方についての学び」「対象と関わる自分自身についての学び」の3点で捉えることにしました。子どもの学びにも発達に応じた質の違いがあると予想されます。エピソードを通して子どもの学びを整理することで、その違いが明らかになるのではないかと考えました。

保護者の援助

　ユイカが非常に集中している姿を大事にしたいと思い、保育者は見守っていた。何度も頭に当てて確認し、自分のイメージに近づけていく過程でも、自分なりに考えた方法で行為を続けていたため、見守り続けた。ユイカがうまくいったと自覚すると保育者の方を見てにやりと笑ったところで、保育者が「ユイカちゃん素敵ね、がんばってつなげたね」とユイカの目的とがんばったことがはっきりするような声をかけて、満足感や達成感が確かなものになるようにした。

　子どもの試行錯誤を支える保育者の援助についても発達に応じて質的な違いがあるだろうという観点から、保育者の援助についても分析することにしました。実際にどのように保育者が子どもに関わったのか、どのような思いがあったのか、直接的な関わりをしなかったのであれば、なぜそうしたのか、などを記述することにしました。

　以上のように、私たちは自分が保育をする中で子どもたちが試行錯誤していると直感的に感じたエピソードをいくつも記録に残し、それらを読み

2　文部科学省（2018）『幼稚園教育要領解説』フレーベル館

解いていくことで、遊びの中にある子どもの学びを捉えてみました（具体的なエピソードのいくつかは2章を参照）。

1章 子どもの試行錯誤を4つの様相から捉える

2 子どもの試行錯誤を 4つの様相で捉える

1. 試行錯誤を捉える要素を見出す

　エピソードをいくつも収集し、読み合ったり読み比べたりする中で、子どもたちが試行錯誤する姿が一様ではなく、いくつかの様相に分けられるかもしれないと考えるようになりました。

　「試行錯誤」を辞書で調べてみると、「新しい物事をする際、試みと失敗を繰り返しながら次第に見通しを立て、解決策を見出していくこと」「新しい学習を行う際、初めは無意識的な種々の反応が生じるが、偶然に成功した反応が以後繰り返され、次第に無駄な反応を排除していくこと（trial and error）」「新しい状況や問題に直面して解決する見通しが立たない場合、いろいろ試みては失敗を繰り返すうちに、偶然成功した反応が次第に確立されていく過程」などの意味が記されていました[3,4]。

　私たちはこの意味を読み、子どもが遊びながら試みと失敗を繰り返す中で、見通しをもったり、解決策を見出したりする様子を想像することはできました。しかし、私たちが想像する子どもの試行錯誤する姿は、辞書に挙げられた意味だけとは限らないのではないか、とも感じました。特に、

子どもは遊びながら対象に関わる際に、「失敗した」という感覚を必ずしも抱いていないのではないかという意見が出ました。

　また、3歳児か4歳児か、5歳児かによっても、試行錯誤の姿が異なるだろうなどの

---

[3] 松村明編（2006）『大辞林 第三版』三省堂
[4] 新村出編（2018）『広辞苑 第七版』岩波書店

意見も出ました。

　そこで、エピソードを比較しながら、子どもが試行錯誤する姿をいくつかの様相に分けられないかと試みました。私たちが直感的に感じるエピソードごとの違いはどこにあるのかを考えたところ、そこには3つの要素が関係しているのではないかと考えました。

　それは「欲求・目的」のあり方、「変化の意図性」のあり方、「自覚レベル」のあり方、の3点です。

要素「欲求・目的」

　子どもが遊びに取り組む時、している行為自体が目的である場合と、行為が欲求や目的を満たすための手段の場合があります。例えば、砂場の砂を手ですくってはバケツに入れすくってはバケツに入れ、という動作を繰り返している場合、砂がサラサラと手からこぼれ落ちる感覚が楽しくて繰り返す姿は行為自体が「欲求・目的」であると言えます。一方、バケツで型抜きをしようと考えながら砂をバケツに入れる姿では、砂でバケツの形を作ることが「欲求・目的」であり、砂をバケツに入れる行為は「欲求・目的」を満たすための手段であると言えます。

要素「変化の意図性」

　子どもが対象と関わる時の関わり方には違いがあります。それは、対象に合わせて自分が変わる受動的な関わりと、自分の意思で対象を操作する能動的な関わりです。例えば、可動する台に縄を取り付けたいという目的があったとします。ある子どもが、ガムテープで接着する方法を思いつきましたが、引っ張ると取れてしまうという状況が起きた時、取れてしまうことに気付きながらも、ガムテープで貼ることを繰り返している場合は、取れたから貼るという受動的な関わりであると言えます。一方、台車に縄を結びつけると取れなくなるということに気付いて縄を結ぶ行為は目的の達成のために自ら行動を変えることになります。これは自分の意思で対象を操作する能動的な関わりであると言えるでしょう。

要素「自覚レベル」

　子どもが目的をもって物事に取り組む時、「できた」「できない」「成功

した」「失敗した」といった、自分の意図が実現したかどうかについて子どもなりの評価をしていることがあります。例えば、縄跳びやコマといった成功と失敗がはっきりしているものでは、それが意識しやすいでしょう。それだけでなく、遊びにおいても「今よりもっとこうしたい」「友達と同じようにしたい」などと自分の目的と現状を照らし合わせて判断することがあります。個々や状況によって自分の意図が実現したかどうかの自覚、いわば明瞭度には違いがあるでしょう。これらを「自覚レベル」と記し、要素の1つとしました。

2. 要素をもとに子どもの試行錯誤を読み解く

以上の3つの要素をもとに、子どもの試行錯誤する姿を分析してみると、子どもの試行錯誤を4つの様相に分けることができました。それを示したものが表1-1です。それぞれの様相の特徴と、それを表す具体的な例として、砂場での遊びを取り上げて説明してみましょう。

表1-1 子どもの試行錯誤の様相を捉える手がかり

	集中する		
	欲求・目的	変化の意図性	自覚レベル
扱　う	行為自体が目的	対象に合わせて自分が変わる（受動的）	自分の意図が実現したかどうかの自覚の明瞭度が低い
試　す			
工夫する	行為は欲求や目的を満たすための手段	自分の意思で対象を操作する（能動的）	自分の意図が実現したかどうかの自覚の明瞭度が高い
挑戦する			

※各様相は漸進的変化として捉える。※グラデーションは、行きつ戻りつすることを表す。

1）「扱う」

　「扱う」を特徴付けているのは「欲求・目的」の要素です。例えば、砂場で遊んでいる子どもが型抜きのカップで砂がすくえることに気付いてサラサラとすくっては砂を落とすことを楽しんで繰り返す姿があったとします。

　この場合、「欲求・目的」に着目すると、何かの目的のために砂を触っているわけではなく、すくっては砂を落とすことに面白さを感じて繰り返していることから、行為自体が目的であると言えます。「変化の意図性」は、砂がサラサラと落ちるという現象に合わせて繰り返すという行為をしていることから対象に合わせて自分が変わっていると言えます。「自覚レベル」では自分の意図が実現したかどうかの明瞭度は低く、そもそも意図があいまいです。このような姿を「扱う」としました。

2）「試す」

　「試す」で着目するのも「欲求・目的」の要素です。例えば、ある幼児が、砂場でカップを使って型抜きをして遊んでいる他の子どもの姿を見て、型ができることに気付き、自分もやってみたいと思い、カップに砂を入れてひっくり返してみたとします。さらに、砂が崩れて完全な形ができない場合にも、同じ方法で繰り返す姿があったとします。この場合「砂で形を作りたい」という目的があり、型に砂を入れることはその目的を達成するための手段であると考えられます。「変化の意図性」に関しては、型ができるかどうかは砂の湿り具合や力加減などが関係してきますが、それらには気付かず、型ができたりできなかったりしても関係なく繰り返しているため、自分の意思で対象を操作しているというよりは、受動的で、対象に合わせて自分が変わっていると言えます。「自覚レベル」では、自分の意図が実現したかどうかの明瞭度は高くありません。このような姿を「試す」としました。

3)「工夫する」

「工夫する」で着目するのは「変化の意図性」の要素です。例えば、砂の型抜きで、どうやったらうまくいくかを考え、砂が湿っている時には、形がきれいにできて、乾いている時には崩れてしまうということに気付いて、湿った砂を自ら選んで使ったり、水で砂を湿らせたりするといった姿があったとします。この姿は、これまでの砂遊びの経験から因果関係に気付き、対象を意図的に変化させていると言えるでしょう。このように、その行為の変化が、偶発的に起きた変化なのか、子どもが意図的に行っている変化なのかを判断し、後者である場合、「工夫する」としました。また、「自覚レベル」に着目すると、明確な成功のモデルがない場合、自分の意図の実現の自覚の明瞭度は高くないと考えられます。

4)「挑戦する」

「挑戦する」で着目するのは「自覚レベル」の要素です。自分の意図が実現したかどうかの自覚の明瞭度が高い場合を「挑戦する」としています。目の前の状況と、自分の目的や意図を照らし合わせ、「こうするといいかもしれない」と考えながらやり方を変えたり、納得がいくまであきらめずに繰り返したりする姿と捉えました。

例えば、ただ、砂を型抜きするだけでなく、「お盆の上に形の整ったプリン型を作りたい」という目的をもった場合、湿った砂を選んで使ったり、砂と水の量を調整したり、力の入れ加減を変えたり、お盆を型の上に乗せてからひっくり返してみたりするなど、自分の納得のいくプリン型ができるまであきらめずに繰り返す姿を「挑戦する」としました。

この4つの様相は、単純に「扱う」から「挑戦する」へと段階的に、一方向的に発達するというわけではないと考えています。3歳児だから「扱う」姿ばかりで5歳児だから「挑戦する」姿を目指すという意味でもありません。3歳児でも「試す」姿や「工夫する」姿が見られることもあれば、5歳児でも「扱う」姿が見られることもあり、そういった姿が行きつ戻りつしながら発達していくのだろうと考えました。

3 4つの様相をもとに 子どもの試行錯誤を読み解く

このように、子どもの試行錯誤する姿を4つの様相で捉えてみることで、内面の変化、子どもの学び、保育者の援助について、発達に即した特徴が見えてきました。

1. 子どもの内面の変化から見えてきたこと

まず、「子どもの内面の変化」に着目し、1つ1つのエピソードの中で、試行錯誤はどのようなプロセスを描いているかを考えてみました。

各様相に分けたエピソードの、子どもの内面の変化について見てみると、エピソードを作成した保育者は違っていても、同じような語句を使っていたり、繰り返し使用されている語句があったりしました。それらを整理し、「欲求・目的」「対象との関わり」「気付き・学び」のあり方をもとにして整理をしてみると、各様相の違いが見えてきました。

1)「扱う」における子どもの内面の変化

「扱う」では、「面白そう」「あっ！」など、対象そのものへの興味から、関わってみたいという欲求・目的のようなものが生まれます。砂や水、ハサミ等の素材や道具など、周囲の環境そのものに興味をもった子どもは、その対象との関わり自体を「面白い」と感じて関わります。言い換えると、「扱う」においては、対象と関わる行為そのものが目的であると言えます。自らの欲求・目的によって対象と関わることに加え、対象そのものとの関わり自体を楽しんでいることなどから、対象が変化していくとその変化に合わせて自分の関わり方も変わってしまうことも多く見られます。

「扱う」での気付きは、「あれ」や「わあ」というような感覚的なものが中心となり、欲求や目的がはっきりと定まっていないこともあり、自分の

意図が実現したかどうかの自覚の明瞭度は低くなります。そもそも自分の意図自体が対象によって変わってしまうことも多いからだと考えられます。

このように、「扱う」は、対象そのものに関わってみたいという欲求によって引き出された行為から、感覚、運動を中心とした気付きや学びが生まれ、その気付きによって次の欲求や目的が生まれ、対象との関わりが促されていくという様子が見られました（図1-1）。

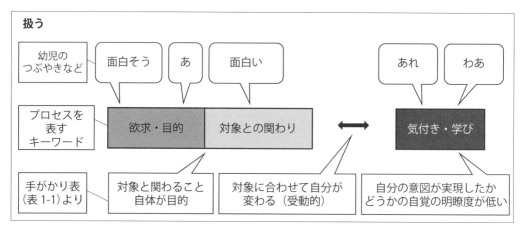

図1-1 「扱う」における子どもの試行錯誤のプロセス

2)「試す」における子どもの内面の変化

「試す」では、興味をもって対象に関わろうとしたり実際に関わったりする中で「こうしたい」「自分も友達と同じようにしたい」などの目的が生まれる様子が見られました。その目的を達成するための手段として対象と関わります。しかし、その目的は具体的でないことが多く、対象との関わりは、目的を満たす手段としてのものとは言いながらも、直感的な仮説に基づく関わりであることが多く見られました。そのため、対象が変化してしまうと目的自体を見失ってしまったり、別の目的が生まれてきたりするなど、対象に合わせて自分が変わる（受動的）ことが多くなります。同様に、目的そのものが変化したり、対象に合わせて関わり方が変わったりするために、自分の意図が実現したかどうかの自覚の明瞭度も低くなります。

このように「試す」では、欲求・目的を満たすための手段として対象との関わりが生まれますが、直感的な関わりが多いために、対象に合わせて自分が変わるということを繰り返しながら、その中で気付きや学びを得ているという特徴が見られました（図 1-2）。

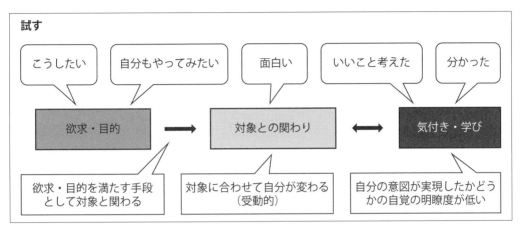

図 1-2　「試す」における子どもの試行錯誤のプロセス

3）「工夫する」における子どもの内面の変化

　「工夫する」では、「試す」と同じように、欲求や目的が生まれ、その目的を満たすための手段としての対象との関わりが見られます。「試す」との違いは、対象と関わっていく間にも、比較的目的が変わることなく継続していく点です。目的が変化せずに子どもの内面にあり続けるために、対象と関わる際には目的に向けて、「こうしたらどうかな」という自分なりの意思で（能動的）対象を操作する姿が見られます。これは、これまでの経験や知識をもとにした仮説であると言えるでしょう。また、自分が対象と関わったことで得られる気付きや学びなどを受けて、「次はこうしてみよう」などと考えながら次の関わりを選択している姿も見られました。

　このように、「工夫する」では目的の達成のために、自分なりに対象を操作しながら能動的に関わり、気付きや学びを得ている姿が見られました（図 1-3）。

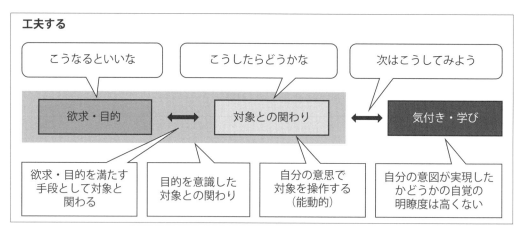

図1-3 「工夫する」における子どもの試行錯誤のプロセス

4)「挑戦する」における子どもの内面の変化

　「挑戦する」では、遊びの中の興味から目的が生まれることもあれば、仲間同士や、学級、もしくは保育者から投げかけられた課題などから目的が生まれてくることもあります。その目的は、かなり明瞭なゴールイメージであり、「絶対にこうしたい」「こうなりたい」というように要求の水準も高くなってきます。そのため、対象との関わりでは、「これでうまくいくかな」というように、欲求や目的との関連性が高まります。また、目的が明確なため、対象との関わりによって生じた結果についての気付きは、自分の意図が実現したかどうかの自覚の明瞭度が高くなります。つまり、気付きは常に自分の欲求や目的と照らし合わされ、「なんとなくうまくいった」「たまに成功する」などという状況では満足せずに、自分が納得いくまであきらめずに繰り返そうとする姿が見られるようになります。

　このように、「挑戦する」では常に自分の「気付き・学び」を「欲求・目的」と照らし合わせながら対象と関わり、気付きや学びを得ている姿が見られました（図1-4）。

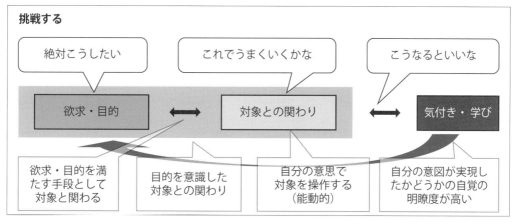

図 1-4 「挑戦する」における子どもの試行錯誤のプロセス

5）子どもの試行錯誤のプロセスと各様相との関連

　以上のようにエピソード内に見られた子どもの内面の変化から得られた要素を、「扱う」「試す」「工夫する」「挑戦する」の4つの様相でまとめてみると、同じような要素で構成されていながらも、それぞれの様相によって構成が違ったり意味合いが異なったりしていることが分かってきました。

　「扱う」から「挑戦する」までのプロセスを比較してみると、次第に試行錯誤のプロセスのあり方が深まっていくことが分かります。また、子どもが興味をもったことが試行錯誤のきっかけとなることがほとんどであることは、どの様相にも共通して言えます。

　「欲求・目的」に着目してみると、「扱う」では、自分が今関わっている対象との関わりそのものが興味であり目的です。「試す」では、直感的な仮説をもとに目的が生まれていました。その目的を達成するための子どもなりの筋道はあったとしても行き当たりばったりであったり、単に友達のしていることを真似したいだけであったりしました。「工夫する」では、目的の達成のために対象との関わり方を能動的に変化させていきます。自分が対象に能動的に関わって起きた出来事に対し、新たな気付きを得るだけでなく、目的に応じた評価をし、それをもとに次の関わり方を選んでいます。「挑戦する」は「工夫する」に似ていますが、目的がかなり明確にあり、はっきりとしたゴールイメージがあります。目的の発生についても

遊びの中から生まれることもあれば、保育者からの投げかけや学級全体の取り組みの中から生まれることもあります。そのことによって自分の意図が成功したかどうかの自覚の明瞭度が、「工夫する」よりも高いという違いが見られます。

2. 試行錯誤を通した子どもの学びから見えてきたこと
――「対象についての学び」「対象との関わり方についての学び」「対象と関わる自分自身についての学び」の内容についての考察

　本来、環境を通して行う教育は、子どもが主体的に対象と関わりながら、対象、対象との関わり方、対象と関わる自分自身について学ぶところに特質があることは先に述べました。3つの学びは複雑に関連し合って生じるものであるがゆえに、本来、私たちがこれらの3つの学びを別個に読み取ることは難しいことです。しかしそれらを便宜的に分けて捉えることで見えてくることもあるでしょう。ここでは保育者が集めたエピソード内に見られた「対象についての学び」「対象との関わり方についての学び」「対象と関わる自分自身についての学び」に関する語句を挙げ、それぞれの特徴を整理したものを表にしてみました。

1）対象についての学び

表 1-2　対象についての学び

様相	対象についての学びと思われる語句
扱う	見た目の変化（固まる・ほぐれる等）・感触の違い・温かさ・冷たさ・手近な道具を使う・量（水位が上がる）・やわらかさ・硬さ・名称の獲得・組み方（渡りやすい・渡りにくい）
試す	道具の使い方・再現・長さ・人が乗っている段ボールの動かし方・貼る位置・やりたいことに合っているかどうかの見方・材料の選び方・ガムテープの強度・色の変化
工夫する	模倣・大きさ・立て方（接着する位置・支える材料・支える位置）・粘着の違い・現象の違い・角度・ゴムの特性・質量と弾性の関係性・水と砂の関係性（浸透）・水の特性（高低）・高さ・縄の付け方
挑戦する	棒の硬さ・接着の仕方・力の入れ具合（身体の使い方）・飛ばし方・空き箱等の組み合わせ方やバランスへの意識・強度・自他の違い（友達のできないところを知る）

　「扱う」では、対象に触れて味わう感触や、身体の感覚、見た目の変化、物の名称の獲得といったことが挙げられました。「扱う」場合の内面の変化は、対象と触れ合いながら、刻一刻と生み出される結果について「あれ？」「何でだろう？」と不思議さや疑問を感じ、さらに行為を繰り返すことにあります。身体を通して対象に変化を与え、そこからさまざまに感じ、さらに変化させようとする一連のサイクルの中で、対象の変化、感触、感覚を学んでいると言えるでしょう。また、保育者が子どもの感じたことやほしいものを代弁したり、一緒に行ったりすることで、子どもは名称を知り、簡単なやり方を学んでいます。

　「試す」では、道具の扱い方や身体の使い方、材料の性質や選び方などに関する語句が多く挙げられました。「扱う」では感触や感覚への学びが多い傾向が見られましたが、「試す」では物の性質、道具の特質に応じたものの使い方、自分の必要感に応じた素材の選び方や使い方といった学びが特徴的です。「扱う」よりは意図的に変化させようとするものの、対象の変化によって次の関わりを生み出すといったように、偶発的な出来事からさまざまなことを学んでいます。

　「工夫する」では、目的との関連で、大きさ・角度・特性といったものの形や置き方・性質に関する気付きが増えています。また、2つ以上の関係性に意識が向いていくことも特徴的です。使うものの種類が増えるこ

や目的を踏まえて行動することによって、量的にも質的にも気付きが広がり深まっていきます。

「挑戦する」では、ものの性質、ものそのものではなくものを操作した時に変化する性質、目的に応じた使い方、自分の能力との関係を学んでいます。

このように各様相から得られる「対象についての学び」にはそれぞれの特徴があることが分かってきました。一方で、各様相の「対象についての学び」はその様相でしか見られないかというとそうではありません。事例の中の語句としては挙がってこないものの、様相にまたがる学びの内容もあるはずだという意見が出されました。そこで、各様相に共通する「対象についての学び」の内容を明らかにする必要があると考えたところ、感触・使い方・選び方・組み合わせ方・性質・仕組み・規則性・関係性などが「対象についての学び」の内容であることを見出しました。

2) 対象との関わり方についての学び

表1-3　対象との関わり方についての学び

様相	対象との関わり方についての学びと思われる語句
扱う	選ぶ・慎重に・道具を置く位置を意識する・手の力の入れ方・しっかりと留める・言葉とともに・組み方を変化させる・友達と交替する
試す	固める・ひっくり返す・予測をもってやり方を変える・力の入れ具合・押し方を変える・予測をもってつなげる・思うように・そっと・考えを取り入れる・自分なりの方法で再現する・自分なりの役割で参加する・イメージに合わせて・気付いたことをやってみる・新たな考えをもつ・直す・いろいろな方法を試す・組み合わせる・新たな目的をもつ・原因やうまくいきそうな方法を考える
工夫する	力の入れ方を変える・位置を変える・じっくり見る・方法を変える・繰り返し運ぶ・確認する・選び直す・新しいパーツを加える・効率的に・目的に合わせて・秩序をもって
挑戦する	力の入れ具合（身体の使い方）を調整する・修理する・次の方法を考える・自分の考えをもとに別の方法を試みる・さまざまな方法を試す

「扱う」では、身体の使い方を学んでいることが主に挙げられました。これは、対象の変化や感触、感覚は身体を通してこそ獲得できるからであると考えられます。

「試す」では、「扱う」よりも多くの身体の使い方に関するキーワードが

挙がっています。しかし「扱う」と異なるところは、「予測をもって・自分なりの」という言葉が挙げられているように、比較すると主体的で意識的な関わりが増えているところに特徴があります。また、友達の行為を真似したり、聞いたことを取り入れたりするなど、他者の影響を受けるようになってきます。

「工夫する」では、力の入れ方・位置を変える・じっくり見る・確認するといった自分の行為を確かめるような語句が特徴的です。また、効率的に・目的に合わせて・選び直すといったように、目的に応じて関わり方を選択していることも挙げられるようになっています。これらは「扱う」や「試す」で獲得してきた自分なりの規則性や法則性を基盤として仮説を立て、意図的に対象を操作する関わり方が可能になってくるとも言えるでしょう。その他に、友達と一緒に遊ぶ事例がほとんどであるように、友達がやっていることや言ったことを取り入れながら対象との関わりが増えていくことも特徴的です。

「挑戦する」では、次の方法・別の方法・さまざまな方法といった、自己課題の解決に向けて自分の考えをもとに仮説を立てることや、友達や先生のやっていること、家庭や地域、メディアなどで知り得た方法をも取り入れようとする関わり方に特徴があります。他者や社会の存在があこがれやモデルとなる一方で、できない自分を知る存在にもなり得ます。できない自分に対峙しながら、目的達成に向けてさまざまな関わり方をしていくことも特徴があると言えます。

このように各様相から得られる「対象との関わり方についての学び」にはそれぞれの特徴があることが分かってきました。2）と同様、各様相の「対象との関わり方についての学び」はその様相でしか見られないわけではありません。各様相に共通する「対象との関わり方についての学び」についての内容も明らかにする必要があると考え、感覚的に・探求的に・意図的に・包括的に・論理的に・協同的にといった学びの内容を見出しました。

3) 対象と関わる自分自身についての学び

表 1-4　対象と関わる自分自身についての学び

様相	対象と関わる自分自身についての学びと思われる語句
扱う	繰り返す・見立てる・変化する面白さを味わう・充実感や満足感を味わう・つぶやく・助けを求める・言葉にして伝える・安心する・待つ・やり遂げたい思いをもち続ける・自信・有能感・親しみをもつ
試す	あきらめずに続ける・できた満足感や喜びを味わう・解決したい思いをもつ・他児への興味や関心をもつ・じっくりと取り組む・自分なりの参加の仕方による自信と満足感を味わう・言葉で気持ちを伝える・友達による満足感を味わう・取り組み方を変える・遊びが面白くなる満足感を味わう
工夫する	あきらめずに繰り返す・悔しさ、不思議さを味わう・根気よく・続ける・友達と一緒に行う・達成感を味わう・発見する面白さを味わう・因果関係を確かめる楽しさを感じる・友達の遊びに興味をもつ・自分なりの解決方法を生み出し乗り越える・いろいろな方法を実行し充実感を味わう・経験を再現する・動かすことができた満足感を味わう
挑戦する	根気よく続ける・あきらめない・取り組み続ける・自他の違いを知る

　「扱う」の中では、満足する・安心するといった語句が多く挙げられました。また、繰り返すという語句も多く挙げられました。対象に興味・関心をもち、行為を繰り返すためには、快感情が欠かせないとも読み取れます。そこでは、心の動きや行為をありのままに受け止めてくれる保育者の存在が重要になってきます。保育者が「いいね」と受け止めたり、「○○だったね」と気持ちを代弁してくれたりすることが幼児に積み重なっていく様子が事例の中で多く見られました。

　「試す」では、「扱う」と同じように「満足する・満足感」といった語句が多く挙げられています。「試す」における満足感は、「扱う」よりも時間的にも長くなったり、より面白くしようと取り組んだり、自分なりに納得したりしながら満足感を味わうようになっています。あきらめず繰り返す、解決したい思いといった語句は時間的に長く取り組んでいることを示しており、他児への興味や友達の意見を受けてといった語句からは他者への意識の芽生えが感じられます。

　「工夫する」では、「扱う」や「試す」よりも満足感といった語句が減り、因果関係を確かめる楽しさ・解決方法を生み出し乗り越えるといった語句が増えています。もちろん、満足感や達成感といった語句も挙げられていますが、仮説をもって物事に関わることで気持ちが動かされ、何らか

の感情を強くもつこと、つまり成功や失敗という結果以上に、考えたり、慎重に対象に関わったり、原因を考えたり、粘り強く取り組んだりするといった過程に、幼児の学びがあるところが特徴的です。

「挑戦する」では、根気よく・あきらめず・取り組み続けるといった、「工夫する」と同じような意味合いの語句が挙げられました。分からないことやできないことにもあきらめずに取り組み続けることに自分自身の学びがあると言えるでしょう。また、他者の取り組みに目を向け、取り入れるといった、他者と自分を比べ、客観的に自分を見ることができるようになってきます。挑戦したことが成功するエピソードが少ないため挙げられていませんが、成功の場合には、これらの行為から得られる達成感、自信、自己肯定感といった心情につながるものと考えられます。

このように各様相から得られる「対象と関わる自分自身について学び」にはそれぞれの特徴があることが分かってきました。（2）（3）と同様、「対象と関わる自分自身についての学び」はその様相でしか見られないわけではありません。各様相に共通する「対象と関わる自分自身についての学び」の内容を明らかにする必要があると考えたところ、心情・意欲・態度・表現・他者への意識といった項目が学びの内容であると見出しました。

4）学び方について

私たちは、学び方についても様相ごとに特徴があるのではないかと考え、議論を進めました。先に述べた子どもの内面の変化や本節の学びの内容を踏まえたところ、次のような学び方を見出しました。

「扱う」は「感覚・運動を中心とした学び方」、「試す」は「直感的な仮説を通した学び方」、「工夫する」は「これまでの経験や知識をもとにした仮説を通した学び方」、「挑戦する」は「自己課題追求的な学び方」というものです。これは、それぞれの様相の時に色濃く出る学び方ではありますが、試行錯誤における学びが深まるにつれて、学び方は多様になると考えています。「扱う」では感覚・運動を中心とした学び方が中心ですが、「試す」では感覚・運動を中心とした学び方を含みつつ、直感的な仮説を通した学び方が中心になります。「工夫する」では、2つの学び方を含みなが

らこれまでの経験や知識をもとにした仮説を通した学び方が中心になります。そして「挑戦する」では、3つの学び方を含みつつ、自己課題追求的な学び方が中心になっていくと考えられます。

ただし、遊びの中の試行錯誤は、経験的、偶発的な出来事からの影響が大きく、個の中でも学び方はさまざまです。このように、さまざまな学びがゆるやかに重なっていくことや、子どもの主体的な姿の中にこそ学びの内容や学び方は獲得されていくことを私たちは確認しました。

以上のことについてまとめたものを表1-5にまとめました。

表 1-5　学びの内容と学び方

学び方　／　学びの内容（環境・行為・自己 など）		対象についての学び 性質・仕組み・規則性 など	対象との関わり方についての学び 感覚的に・探求的に・意図的に・包括的に・論理的に など	対象と関わる自分についての学び 心情・意欲・態度・表現・他者への意識 など
扱う	感覚・運動を中心として学ぶ	見た目の変化（固まる・ほぐれる等）・感触の違い・温かさ・冷たさ・手近な道具を使う・量（水位が上がる）・やわらかさ・硬さ・名称の獲得・組み方（渡りやすい・渡りにくい）	選ぶ・慎重に・道具を置く位置を意識する・手の力の入れ方・しっかりと留める・言葉と共に・組み方を変化させる・友達と交替する	繰り返す・見立てる・変化するおもしろさを味わう・充実感や満足感を味わう・つぶやく・助けを求める・言葉にして伝える・安心する・待つ・やり遂げたい思いをもち続ける・自信、有能感、親しみをもつ
試す	直感的な仮説を通して学ぶ	道具の使い方・再現・長さ・人が乗っている段ボールの動かし方・貼る位置・やりたいことに合っているかどうかの見方・材料の選び方・ガムテープの強度・色の変化	固める・ひっくり返す・予測をもってやり方を変える・力の入れ具合・押し方を変える・予測をもってつなげる・思うように・そっと・考えを取り入れる・自分なりの方法で再現する・自分なりの役割で参加する・イメージに合わせて・気付いたことをやってみる・新たな考えをもつ・直す・いろいろな方法を試す・組み合わせる・新たな目的をもつ・原因や上手くいきそうな方法を考える	あきらめずに続ける・できた満足感や喜びを味わう・解決したい思いをもつ・他児への興味や関心をもつ・じっくりと取り組む・自分なりの参加の仕方による自信と満足感を味わう・言葉で気持ちを伝える・友達による満足感を味わう・取り組み方を変える・遊びがおもしろくなる満足感を味わう
工夫する	これまでの経験や知識をもとにした仮説を通して学ぶ	模倣・大きさ・立て方（接着する位置・支える材料・支える位置）・粘着の違い・現象の違い・角度・ゴムの特性・質量と弾性の関係性・水と砂の関係（浸透）・水の特性（高低）・高さ・縄の付け方	力の入れ方を変える・位置を変える・じっくり見る・方法を変える・繰り返し運ぶ・選び直す・新しいパーツを加える・効率的に・目的に合わせて・秩序をもって	あきらめずに繰り返す・悔しさ、不思議さを味わう・根気よく続ける・友達と一緒に行う・達成感を味わう・発見するおもしろさを味わう・因果関係を確かめる楽しさを感じる・友達の遊びに興味をもつ・自分なりの解決方法を生み出し乗り越える・いろいろな方法を実行し充実感を味わう・経験を再現する・動かすことができた満足感を味わう
挑戦する	自己課題追求的に学ぶ	棒の硬さ・接着の仕方・力の入れ具合（身体の使い方）・飛ばし方・空き箱等の組み合わせ方やバランスへの意義のできないところを知る）	力の入れ具合（身体の使い方）を調整する・修理する・次の方法を考える・自分の考えをもとに別の方法を試みる・さまざまな方法を試す	根気よく続ける・あきらめない・取り組み続ける・自他の違いを知る

1章　子どもの試行錯誤を4つの様相から捉える

3. 試行錯誤を支えた保育者の援助から見えてきたこと

前のセクションでは、子どもの試行錯誤する姿のエピソードから、試行錯誤を通した子どもの内面の変化や子どもの学びの内容、学び方について、4つの様相の特徴が捉えられました。ここでは、保育者の援助と4つの様相について取り上げてみます。

各エピソードで挙げられた保育者の援助の主なものの抜粋は以下のとおりです。

表 1-6　各エピソードで挙げられた保育者の主な援助

様相	各エピソードで挙げられた保育者の援助（抜粋）
扱う	安心感につながるつぶやき 道具の量の調整 個のペースが保てる環境の確保 名称や動きを知らせる 互いの存在をささやかに感じるための援助 友達の中に居場所があると思えるようにする援助
試す	成功を意識する姿への援助──見守る・成功を焦らない 特定の相手を意識して楽しむ姿への援助 　──動きを楽しめる遊具の提示・保育者が遊び始めのモデルとなる 違いに意識を向ける援助──風の力と違う力で動かす 保育者のつぶやきで気付かせる サイズの違う空き箱の用意
工夫する	時間の保障──繰り返しの中で手がかりが見つかる 本人自身が思いつくのを促す──ただし、保育者が成功に導くこともある 　──見通しをもって取り組むと成功する、という体験をさせる
挑戦する	子どもが子どもに教える状況づくり 身体の感覚でコツをつかむために反復を促す

上記のことから、試行錯誤の4つの様相における保育者の援助の傾向を次のように捉えられました。

「扱う」「試す」の様相では安心や安定を優先した援助の傾向があり、「工夫する」「挑戦する」の様相では子ども自身の力で行うことを優先した援助の傾向があることが分かりました。これは、26頁の表 1-1 における、変化の意図性と合致します。表 1-1 における、変化の意図性の視点では、「扱う・試す」姿と「工夫する・挑戦する」姿には、「自分の意思で対象を操作する」というところに違いを捉えました。したがって、「工夫する・

挑戦する」姿に対する保育者の援助の傾向が、子ども自身の力で行うことを優先していることは、表1-1からも裏付けられます。

また、「扱う」以外の様相では子ども自身が行動する姿に意味を見出しました。他方「扱う」の様相の姿に対しては"見ている"姿にも試行錯誤する姿としての意味を見出し、"見ている"こと自体を積極的に認める援助や"見る"ことを促す援助の傾向があると捉えました。これは、表1-1における、欲求・目的と合致します。表1-1における、欲求・目的の視点では、「扱う」姿と「試す・工夫する・挑戦する」姿には、「行為自体が目的」というところに違いを捉えました。したがって、「扱う」姿においては、見ること自体にも意味を見出し支えようとする保育者の援助の傾向が、表1-1からも裏付けられます。

さらに、「工夫する」「挑戦する」様相では、取り組みの過程に意味を見出した援助の傾向を捉えました。子どもが取り組むことがらによって、より効率的な手順や得られる結果の分かりやすさに違いはありますが、「工夫する」様相に対しては子ども自身の目的や得たい成果への道筋に気付かせるような援助の傾向があり、「挑戦する」様相に対しては取り組み続けることを支えるような援助の傾向を捉えました。これは、表1-1における自覚レベルと合致します。自分の意図が実現したかどうかの自覚の明瞭度が高い、という手がかりからも、「挑戦する」姿に対しては、取り組みの結果がたとえ成功ではなくても、本人の納得を受け止めたり、取り組みの過程を認めたりする援助の傾向が、裏付けられます。

4つの様相と保育者の援助の傾向

各エピソードの「保育者の援助」の考察では、先に4つの様相ありきではなく、できるだけ、その時々の保育者の言動や思いを振り返り、感じたことや考えたことを書いています。これまでの考察で、おぼろげに、4つの様相それぞれに保育者が注目する姿の違いや、ある様相と別の様相を比べた時の援助の傾向の違い等が見えてきました。その中で、特に子どもの取り組む活動に関して捉えられたところを以下のようにまとめました。

表 1-7 保育者の援助の傾向

様相	保育者の援助の傾向
扱う	• 安心して関わる姿を見守り、受け止める援助 • 個のペースに応じて、素材（砂、水、紙等）や道具（ハサミ、ジョウロ等）と関わるための援助　等
試す	• 「自分がしたいこと」を「自分がしたい方法で」関わる姿に共感する援助 • 個のペースで素材や道具等と関わり、気付きが得られるための援助　等
工夫する	• 自分でできた、と思えるための援助 • 仕組みや因果関係をつなげる援助　等
挑戦する	• 「成功するはず」と思いながら関わる姿を支える援助 • 見通しや気付きのポイントを提示する援助　等

4 まとめ

　このように、子どもが遊ぶ姿を「試行錯誤」という視点から捉え、さらに丁寧に子どもの内面の変化などを捉えていくことにより、子どもが遊びを通して学んでいる内容や学び方、子どもの試行錯誤のプロセス、保育者の援助、それらの発達に即した特徴などが明らかになりました。もちろん、保育の現場で目にする子どもの遊びのシーンは子どもが試行錯誤をしているものばかりではありません。ですが、子どもが試行錯誤できるような状況があるかどうかで、子どもが遊びの中で学びを得られるかどうかが左右されるということも、ここまでの取り組みから分かってきたと言えるのではないでしょうか。子どもが思い思いにものを扱ったり、試したり、工夫したり、挑戦したりできるような環境と、それを支える保育者の援助が、子どもの学びを可能にすると言えるでしょう。

　次の章からは、各様相の具体的なエピソードとそれを捉えた保育者の読み取りを紹介していきます。その時々で保育者がどのような思いで関わったり教材を準備したりしたかや、子どもの姿をどのように捉えているかが伝わるとよいと思います。

2章

遊びの中で試行錯誤する子どもたち

── 「扱う」「試す」「工夫する」「挑戦する」

1章では、子どもたちの試行錯誤する姿をどのように捉えたらよい
のか、私たちが悩みながら考えてきた道筋を示してきました。子ども
たちが対象を扱ったり、試したり、工夫したり、挑戦したりする姿を
丁寧に読み取ることから、子どもたちが遊ぶ中で学んでいる内容や学
び方などが見えてきました。

　本来であれば、具体的な子どもたちの様子が第一に示され、その
後、それらを読み解いた中で見えてきたことを示すべきなのですが、
私たちの取り組みの全体像を先にお伝えしたく、順序が逆になってし
まいました。

　2章では、実際に私たちが出会った子どものありのままの姿をお伝
えし、さらにその子どもたちの姿を、本園の保育者がどのように読み
取り、考察したかを示したいと思います。

　ここでは8つのエピソードを取り上げています。このエピソードは
一部分に過ぎず、私たちが子どもの試行錯誤をテーマに研究を行うに
あたって収集したエピソードは40を超えます。本書では紙幅の都合
上、「扱う」「試す」「工夫する」「挑戦する」という様相が分かりやす
く現れているエピソードを選んで載せてあります。

　子どもたちは1つのものや遊びに関わりながら、多様な経験をし
ています。1つのエピソードの中で「扱う」姿だけ、「試す」姿だけ、
というようにまとめられるとも限りませんでした。そこで、このエピ
ソードは「工夫する」等と分けることができませんが、「扱う」姿が
濃く現れているエピソードから、だんだんと「試す」「工夫する」「挑
戦する」姿が見られるような事例になるように並べてあります。

　2章を読んでいただいた後に、再度、1章を読んでいただくこと
で、またさらに、私たちの考えてきたことが理解していただけるので
はないかと思います。

　エピソード内の子どもの名前はすべて仮名です。また、単に「保育
者」と記してある場合は担任（エピソードの筆者）であることを示し
ます。担任ではない保育者には「保育者A」等と示してあります。

エピソード **1** 粘土に触（さわ）る

● 「扱う」事例 （3歳児・5月）

　エイイチは、入園当初から母子分離への不安が強い子どもです。母親が離れようとすると泣いたりぐずったりする日が続いていて、気持ちが切り替わるまでに時間がかかることがほとんどでした。5月になると、少しずつではありますが、保育者に誘われて塗り絵をしてみたり、園庭に出てみたりする姿が見られるようになってきました。保育者と一緒にいくつかの遊びに関わるうちに、エイイチは、特に粘土遊びを気に入ったようで、粘土コーナーで過ごすことが増えてきました。

　この日エイイチは、登園時刻を過ぎてから母親と登園してきました。保育者が受け入れようとすると、「ママも（部屋の）中に来て」と訴えて母親の手をぐいぐいと引いたり、母親にきつく抱きついたりして分離を嫌がります。保育者に手を引かれて部屋に入ってきた頃には、登園時刻から30分以上が経過していました。しかし、部屋に入ってきても、エイイチはじっと立ったまま動こうとしません。保育者が遊びに誘ったり、他の子どもの楽しそうな姿を伝えたりしても反応はなく、あたりをぼんやりと眺めているだけです。やがて、保育者が他の子どもと関わり始めると、その場にペタンと座り込んでしまいました。

　次のエピソードは、エイイチが気に入っている粘土で遊び始めた場面です。ここでは、他の保育者の意見や助言、また、他の保育者と関わるエイイチの姿から見えてきたことをもとにして、エイイチの試行錯誤について考えてみました。

子どもの内面の変化

❶これまでに遊んだ経験のある粘土に関わろうとする（欲求・目的）
❷粘土の硬さや少しずつやわらかくなっていく感触を得る（気付き・学び）
❸手の使い方や力の入れ方を変えて、粘土を伸ばしたり丸めたりする（対象との関わり）

【粘土に関わって気持ちを満たそうとする】

保育者に促されて身支度を終えると、エイイチは粘土が設定してあるテーブルに向かう。❶粘土を手に取ると、片手で握り始める。❷優しく揉んだり、ぎゅうっと強い力を入れたりして何度も握っている。しばらくそうしていると、粘土がやわらかくなってきたようで、今度は、❸両手のひらを使って細く伸ばしたり、丸めたり、それを皿に集めたりして遊んでいる。

母親との分離に対する不安が強いエイイチですが、この日は、親しみのある粘土に関わることで落ち着いていく様子が見られました。粘土で遊べるテーブルは、この時期に毎日同じ場所に設定されており、エイイチにとって安心して過ごすことができる場になっているようです。こうした環境に支えられて、エイイチが自分から粘土に関わろうとする欲求・目的が生まれていることが分かります。

子どもの学び

エイイチは、手に取った粘土をしばらく握っており、粘土が徐々にやわらかくなってきたり、温かくなってきたりする感触の変化を感じているように見えます。このことは、対象についての学びであると言えます。さらに、揉んだり握ったりを繰り返すうちに、粘土の感触が手になじんでくると、丸めたり、細く伸ばしたりして形をさまざまに変化させています。どんな形にしようとするかによって、手の使い方や力の入れ方を選んだり、変えたりすることは、対象との関わり方についての学びであると考えられます。なお、エイイチは、これまでも粘土遊びを気に入っていました。安心して使える粘土に関わる中で気持ちを満たそうとしたり、その感触を手のひらで感じたり、形を変えることを繰り返したりすることは、対象と関わる自分自身についての学びであると考えます。

環境の構成と保育者の援助

2章 遊びの中で試行錯誤する子どもたち

　5月半ば、保護者の保育参加日に親子で小麦粉粘土を作る経験をし、その翌週から保育室に粘土で遊べるテーブルを設定しています。このテーブルには、保育者や他の幼児がしていることを見たり、真似したりしやすいよう、テーブルを挟んで向かい合う形で椅子を並べています。また、毎日同じ場所に設定することで、幼児が安心して関わることができるよう配慮しました。

　保育者は毎朝、エイイチの気持ちを切り替えるきっかけとして、どのような援助ができるのかを迷いながら関わっています。この日は、エイイチの不安な思いに共感しながら登園を受け入れ、具体的に遊びに誘ったり、他の子どもの楽しそうな姿を伝えたりして、エイイチの気持ちが落ち着くまで待っていました。その結果、遊び始めるまでにかなりの時間がかかってしまいましたが、エイイチが自分の気に入っている粘土で遊び始めたことに保育者は安心し、その後もそっと見守ることにしました。

子どもの内面の変化

❹粘土をミニカーのように見立てて動かす（欲求・目的）

❺体全体を使って粘土に力をかけ、粘土の感触を楽しむ（対象との関わり）

【ミニカーのように見立てて動かす】

　粘土で遊べるテーブルの隣に作られていた積み木の家から、突然男児の怒った声が聞こえる。その声に驚いた保育者と数名の子どもが男児のもとへ集まると、エイイチも粘土を手に持ったまま近付いてきて、一歩離れた所からいざこざの様子を眺めている。

　集まっていた保育者と子どもが再び遊び始めると、エイイチも粘土で遊べるテーブルに戻っていく。その途中で、❹粘土を上からつかんで持ち、椅子の背もたれや机の上で動かし始める。ミニカーのように見立てていろいろな場所を走らせているようである。

　しばらくすると手を止めて、❺粘土を床に置く。その上に両手のひらを乗せ、ぐっと力をかける。それを数回繰り返し、粘土が平たくつぶれると、エイイチは床にゴロンと寝転がる。そのま

051

ま、粘土を指で小さくちぎり、床にペタペタと貼りつけていく。

　エイイチは、粘土の塊をミニカーのように動かす時に、それまで手のひら全体で包むようにして持っていた粘土を上からつかむように持ち替えています。持ち方を変えたことでミニカーのように走らせることを思い付いたのか、ミニカーのように走らせようとして持ち方を変えたのか、どちらかは分かりませんが、自分なりの見立てを楽しんでいる様子が見られました。

子どもの学び

　下線部❹で、エイイチは粘土に触れながら自分なりのイメージを思い付いたり、そのイメージに合わせて粘土を見立てたり動かしたりしています。これは、対象との関わり方についての学びであると考えます。また、下線部❺の場面で見られるように、床に置いた粘土に両手のひらで体重をかけることで、粘土が平らにつぶれていく感触を楽しむことは、対象についての学びであると言えます。

環境の構成と保育者の援助

　エイイチがミニカーに見立てて粘土を動かしていたり、平らにつぶそうとしたりしているところを保育者は見ておらず、後に他の保育者から聞きました。保育者は、エイイチがゴロンと寝転んでいる場面だけを見ており、その姿を「遊びがつまらなくなってしまったのだろうな」と否定的に捉えていました。そのため、保育者の援助として、他の遊びに誘ったり、保育者が他の遊びをしている姿を見せたりすることを考えていました。しかし、他の保育者は、この場面でのエイイチの姿を、自分なりに見立てたり、粘土を小さくちぎることを繰り返したりして楽しんでいる姿であると捉えていました。実際の場面において、もし保育者がこのようにエイイチの姿を捉えることができていたら、エイイチのそばで寝転がりながら同じようにやってみたり、エイイチのしていることを面白がったりするというような柔軟な援助ができたのではないかと振り返っています。

子どもの内面の変化

❻近くにあったブロックと粘土を組み合わせ、ハンバーガーに見立てる（欲求・目的）

❼保育者との関わりを喜ぶ（気付き・学び）

❽自分の大事なものを保育者に認められて満足する（気付き・学び）

【ハンバーガーを作る】

　ゴロンと寝転んだエイイチの視線の先に、ブロックの入った箱が置いてあった。エイイチは、それを見つけると、平たくつぶした粘土を持っていく。❻ブロックを1つ手に取ると、その上に粘土を置く。すぐにブロックをもう1つ取り、粘土をブロックの間に挟むと、粘土で遊んでいた保育者Aのもとに「ハンバーガー！」と言って届ける。保育者Aが食べ終えると、すぐにもう1つ作りにいく。それをきっかけに、保育者Aとハンバーガー屋さんごっこのイメージでやり取りが始まる。保育者Aがポテトを注文すると、エイイチはブロックで四角形を作り、できあがったものをポテトに見立てて保育者Aに届ける。❼保育者Aが食べる様子を見ると、ピョンピョンと跳びはねて喜んでいる。

　その時、近くを通りかかったユウセイが、エイイチの作ったハンバーガーをわざと机の上から落とす。❽エイイチは怒り、泣きそうになりながらユウセイのことをグイグイと押し、「落としません！」と訴える。保育者Aが、「せっかく作ったハンバーガーセットだから、落とされたら嫌なんだ」と代弁すると、エイイチはもう一方の手に持っていたハンバーガーをユウセイに差し出す。

　粘土を平たく押しつぶして楽しんでいたエイイチは、つぶれた粘土にブロックを組み合わせてハンバーガーに見立てて遊び始めます。この場面では、感触を楽しむことと見立てることを繰り返す中で、自分なりの楽しみ方を見つけたり、保育者Aにそれを認められるうれしさや満足感を感じたりしているエイイチの姿が見られました。

2章　遊びの中で試行錯誤する子どもたち

子どもの学び

　エイイチが遊んでいた粘土に、偶然見つけたブロックを合わせて使ったことは対象についての学びであると考えます。平たくつぶれた粘土はブロックで挟むのに丁度よく、エイイチは粘土をつぶしたり、それにブロックを組み合わせたりすることを繰り返しています。下線部❹と同様に、ハンバーガーを作りたいという思いから粘土とブロックを組み合わせたのか、偶然組み合わせた形からハンバーガーをイメージしたのか、どちらかは分かりません。しかし、このように自分なりに見立てたり作ったりすることから生まれる楽しさや、保育者に自分のしていることを認められる満足感を味わうことは、対象と関わる自分自身についての学びであると言えます。

　エイイチは、粘土を平らにつぶしたり、それにブロックを組み合わせてハンバーガーを作ったりするといったように、感触を楽しむことや見立てることを繰り返して楽しんでいます。ここでエイイチは、何か明確な目的をもって粘土を使っているわけではありませんが、こうした繰り返しの過程において、粘土という素材の特徴や粘土との関わり方について感じています。保育者は、それがエイイチにとっての試行錯誤であり、大切にしたい姿であると考えています。

環境の構成と保育者の援助

　この場面において、保育者Ａは、エイイチのイメージを受けてやり取りを繰り返したり、エイイチの作ったものを認めたりして援助しています。こうした保育者Ａの関わりは、エイイチにとっての楽しさや満足感につながっていたと考えられます。また、下線部❽のユウセイとのやり取りの中では、大事にしていたものを落とされたエイイチが、いったんは怒りの気持ちを表すものの、その思いを保育者Ａに代弁してもらうとすぐに気持ちを切り替え、再び遊び始める姿が見られました。

　保育者は入園当初から、エイイチが他の子どもと関わることに難しさがあるように感じていました。なぜなら、エイイチが遊んでいる場所に他の子どもが集まってきたり、エイイチが使っているものに他の子どもが触ったりすると、激しく怒ったり、その場を走り去ったりする姿がたびたび見

られたためです。また、一度気持ちが乱れると、気持ちが切り替わるまでに時間がかかることが多かったこともあり、この場面でのエイイチの姿には驚きました。同時に、保育者に自分の思いを認められたり、代弁してもらえたりすることから生まれる安心感があれば、多少思い通りにならないことがあった時でも、エイイチは遊びを続けていくことができるのだということに気付きました。こうしたエイイチの姿を通して、子どもがやりたいことに自分なりに関わっている姿を保育者が丁寧に見取り、それぞれの思いを受け止めたり、温かく見守ったりすることが試行錯誤を支える一歩となるということを実感しています。

エピソード ## 2 満杯にする

● 「扱う」事例 （3歳児・5月）

　3歳児の5月。おおよその子どもは幼稚園生活にも慣れてきて、気に入った場所や保育者の側で安心して遊んでいます。ユウジは砂場での遊びを気に入って連日砂場で遊んでいました。園庭の砂場では、子どもが手に取りやすいように、シャベルや型抜きの型、バケツ、ジョウゴなど数種類の道具をカゴに入れて準備してあります。また、数日前から砂場の側にはタライに水を入れ、子どもが自分で水を汲んで使えるように置いておくことにしました。好きな遊びを始めて1時間程が経ち、この日も砂場でかわるがわる子どもたちが遊んでいまいた。水の入ったタライには、誰かが使ったジョウゴや型がいくつか入ったままになっていました。そこへ、ユウジが水を汲もうとコップを手にやってきました。

**子どもの
内面の変化**

❶ジョウゴの穴に興味をもち、水を注いでみる（欲求・目的）

【偶然逆さまのジョウゴが目に留まった】
　コップに水を入れようとやってきたユウジは、偶然ジョウゴが逆さまになっているのを見つける。水から出たジョウゴの穴が目に留まって気になったのだろう。❶ジョウゴの穴に手に持っていたコップで水を注いでみた。穴をのぞき込み、何回も繰り返し水を注いでいる。

056

ここでは、ユウジは、初めからジョウゴに水を注ぐことが目的だったわけではありません。ユウジは水を汲もうとタライのところにやってきているので、ジョウゴの穴が目に留まったのは偶然の出来事だと言えます。タライの中で逆さまになっているジョウゴに興味が湧いたのでしょう。「穴に水を入れてみよう」という欲求から水を注ぐという行為が生まれています。やってみたら、面白さを感じたのか、不思議さを感じたのかは分かりませんが、もう一度穴に水を注ぎたい欲求が湧いたのでしょう。そして、「穴に水を注ぐ」という対象と関わる行為そのものがユウジの目的になっていることが分かります。

子どもの学び

ここでは、ユウジは「ジョウゴの穴に水を注ぐ」という対象に関わる行為そのものが目的になっています。穴に水を注ぐ時に、じっと見たり、のぞき込んだりする行為からは、「穴に水が入る」という対象に関する学びを読み取ることができます。また、こぼれないようにじっと見ながら注ぐことを繰り返す姿は対象との関わり方についての学びと捉えられます。

子どもの内面の変化

❷偶然目に留まったドーナツ型に興味をもち、使ってみる（欲求・目的）（対象との関わり）

❸こぼれた水が溜まっていることに気付いてドーナツ型から穴に水を注ぐ（気付き・学び）（対象との関わり）

【ジョウゴの上にドーナツ型を置いてみる】

しばらくすると、今度はタライに浮いているドーナツ型が目に留まったのだろう。❷逆さまのジョウゴの上にドーナツ型をのせ、穴と穴が重なるようにする。穴をのぞき、そこにコップで水を注ぎ始める。コップで水をすくっては、穴をじっと見て、慎重に注ぐことを繰り返していた（写真1）。

写真1

今度は、❸ドーナツ型の中にこぼれた水が溜まっていることに気付き、その水をジョウゴの穴に注ぐ（写真2）。ドーナツ型の水が空っぽになると、また、写真1のようにドーナツ型を重ねて穴にコッ

写真2

2章 遊びの中で試行錯誤する子どもたち

❹目に留まったものを使って繰り返す（対象との関わり）

プで水を注ぐ。ドーナツ型に水が溜まると、写真2のようにドーナツ型から穴に水を注ぐことを数回繰り返す。

❹また、コップが目についてコップで穴に直接水を注ぐ。ドーナツ型とコップを持ち替えながら穴に水を注ぐことを繰り返していた。

ジョウゴの穴に水を注ぐ行為に面白さを感じて、繰り返しているうちに、タライにドーナツ型が浮いていることが目に留まったことは、偶然の出来事と言えます。そこで、下線部❷のように偶然目に留まったドーナツ型を乗せてみようという新たな興味・関心が生まれていることが分かります。さらに、ドーナツ型を重ねたことで偶然の変化が起こりました。今までは、穴に入らずこぼれた水はジョウゴをつたってタライに流れていたのに、こぼれた水がドーナツ型に溜まっていくのです。下線部❸にあるように、ユウジはコップで繰り返し穴に水を注ぎ、ドーナツ型に溜まると、溜まったその水を穴に注ぐことを繰り返しています。その姿からユウジはドーナツ型に水が溜まることに気付いていることが読み取れます。ユウジは、その時目に留まったものを使ってみたり、偶然の変化に気付くとそれに応じるように関わったりしながら穴に水を注ぐという対象への関わりを繰り返していました。

子どもの学び

この場面でユウジは、偶然目に留まったドーナツ型を使ってみたことで、穴に注いだ水がこぼれてドーナツ型に溜まるという偶然の出来事に出会っています。ドーナツ型を乗せずに水を注いでいた時には、こぼれた水はそのままジョウゴをつたってタライに流れていたために、水がこぼれていることは気にも留まっていなかったと思われます。ドーナツ型に溜まった水に気付いている姿は対象についての学びと捉えられるでしょう。この時ユウジは「ドーナツ型に水が溜まるということは、穴に水を注ぐ時にこぼれているんだ」ということを意識しているわけではなく、「あれ？ 水が溜まっている」という偶然の出来事として受け止めていることが読み取れます。偶然の出来事に気付くことで対象について学んでいると考えられます。また、目に留まった道具を使ってみてユウジがどのような気付きを得

ているのかを読み取ることはできませんが、何度か持ち替えながら使う中でそれぞれの道具に対して感覚的に対象についての学びを得ていると考えられます。穴をのぞき込みながら水を注いだり、目に留まった道具を手に取って使って穴に水を注いだりする姿は対象との関わり方についての学びと言えます。また、している行為そのものに楽しさを感じて行為自体を繰り返す姿からユウジはジョウゴの穴に水を注ぐことに興味・関心を寄せ続けていると読み取ることができるため、対象と関わる自分自身の学びと言えます。

子どもの内面の変化

❺「ジョウゴの水を満杯にする」という新たな目的をもつ（欲求・目的）

❻目に留まる道具を使って水を入れることを繰り返す（対象への関わり）

❼水の重さでジョウゴが傾くことに感覚的に気付いて支える（気付き・学び）（対象への関わり）

❽コップの方が水を入れやすいことに感覚的に気付いて繰り返す（気付き・学び）（対象への関わり）

【満杯にする】

しばらく穴に水を入れることを繰り返していたが、何気なくジョウゴを持ち上げる。今度はジョウゴの穴を下にして手に持ち、水を注ぎ始める。❺注いでいるうちにジョウゴの水位が上がっていることに気付いて、「満杯にする」とつぶやいた。

❻コップとドーナツ型とを無作為に手に取りながら、水を注ぐことを繰り返す。

だんだんジョウゴに溜まった水の水位が上がってくると、❼傾かないように力を加減しながら手で支えるようにする。そのうち、ジョウゴはタライの底につくように支えるようになる。

❽ドーナツ型からコップに持ち替えて水位がジョウゴの上部になるまで、繰り返し注ぎ続ける。水がいっぱいになったところでジョウゴを持ち上げる。持ち上げると、水が勢いよく穴から流れ出る。ユウジは水が

❾満足感・充実感
（気付き・学び）

流れ出る様子をじっと見た後、❾保育者の方を見て、満足そうにしていた。

　この場面では、何気なくジョウゴを持ち上げ、上下を逆にしてみたことで、水を注ぐという行為は同じでも、ジョウゴに溜まる水の水位が上がるという偶然の変化が起こりました。このことに面白さを感じたユウジは下線部❺にあるように、思わず「満杯にする」とつぶやいています。新たに、「満杯になるまで水を注ぐ」という目的が生まれていることが分かります。そして、下線部❻にあるように、手近にあった２つの道具を何度も持ち替えながらジョウゴの穴に水を注ぐ姿が見られました。ジョウゴが逆さまだった時には、ジョウゴの接地面が広いため、手で支えなくても、ジョウゴはタライの中で自立していました。しかし、穴の方を下向きにしたことで、手で支えていないと、ジョウゴが倒れるという状況が生まれました。水を入れることを繰り返すうちに、下線部❼にあるように、タライの底にジョウゴを押し当てるようにする姿からは、ジョウゴが倒れることに感覚的に気付いて対処しようとしていることがうかがえます。さらに、下線部❽では、ドーナツ型とコップの両方を繰り返し使ううちに、コップを選んで使い続けるようになっていることから、「コップの方が水を入れやすい」ということに直感的に気付いていることが読み取れます。

　最後に、下線部❾にあるように、「満杯にする」という目的が達成されたと感じると、満足そうにしていました。ユウジは１人で黙々と水を注ぐ遊びを続けていましたが、保育者が見ていることは分かっていました。そのため、ユウジは水が流れ出た後に保育者の方を見たのだと思います。その時ユウジは何の言葉も発することはありませんでしたが、保育者を見たその顔は、まさに「先生見ていた？」と言わんばかりでした。このことからユウジの満足感や充実感が読み取れます。

子どもの学び

　この場面では、ジョウゴの上下を変えると、水が溜まっていくことや、ドーナツ型よりコップの方が水を入れやすいということに気付く姿を対象についての学びと捉えることができます。また、水でいっぱいになったジョウゴを持ち上げると、水が穴から勢いよく出てくることに、ユウジの意識がどれほど向いているかは定かではありませんが、じっと見ている姿があるため、水が流れ出てくることへの気付きも対象についての学びと言えると考えます。また、ジョウゴが安定するようにタライの底に押し付けたり、傾かないように力加減を調節したりすることは対象との関わり方についての学びと言えます。しかし、これらの学びはユウジが因果関係を意識して、「グラグラするから、安定するようにジョウゴがタライの底に付くように押し当てよう」と思っていたわけではなく、あくまでも行為を繰り返しながら、感覚的にコツのようなものをつかんでいるように見て取れました。バランス、重さ、傾きなど身体感覚を通して対象や対象との関わり方についての学びを得ているのだろうと推察できます。自分の行為に偶然の結果が次々についてくることで、それに気付く姿や、満足感を味わう姿は、対象と関わる自分自身についての学びと考えられます。

環境の構成と保育者の援助

　このエピソードでは、ユウジが1人でじっくりとものに関わっており、ユウジ以外の子どもは登場しません。保育者は偶然、穴に水を入れ始めたユウジの姿を目にしました。面白そうだと思い、この後ユウジがどのように関わるのかが気になって、声をかけたり傍らに寄り添ったりしないで、比較的離れたところから見守ることにしました。ユウジがじっくり、穴に水を注ぐことを続けることに少し驚きながら見守ることを続けました。ユウジが保育者の視線に気付いたのは、「満杯にする」のエピソードあたりからでした。保育者が見ていることに気付き、ユウジと保育者の目が合いました。保育者は、ユウジがものとじっくり関わりながら感じている面白さをこころゆくまで感じてほしいと思い、肯定的なまなざしを送り続けました。ユウジ自身も保育者の助けが必要な状況ではなかったため、特に保育者に何か言葉を発することもなく、水を注ぐ行為を続けていました。そ

の後、ユウジは時折、保育者の方を見ては、水を注ぐことを繰り返していたことから、見守られている安心感をもっていただろうと推測されます。

　保育者は、ユウジが集中して遊んでいる姿を大事にしたいと思い、ユウジが遊んでいるタライから少し離れたところに他の子どもが水を汲むことができる別のタライを用意しました。そうしたことで、砂場で遊ぶ他の子どもは別のタライから水を汲むことができました。タライの前にしゃがみこんでいるユウジのことを気にして見ている子どもはいましたが、水を汲みたいと思う子どもがわざわざユウジのタライから水を汲もうとすることはありませんでした。このように他の子どもに邪魔されることなくじっくり遊べる空間を保障することなどの環境の構成と保育者の肯定的な見守りがあることでユウジは安心感をもち、1人で長い時間この遊びに熱中できたと考えられます。

　3つの場面を通して、ユウジは偶然目に留まったものに興味をもち、そのものに関わること自体を目的として行為を繰り返しています。自分なりにものに関わる中で、感覚的にものや素材の性質や使い方などを学んでいることが分かります。このように、ある明確な目的に向かって試したり、工夫したりしている姿でなくとも、対象との関わりの中で子どもが気付きや学びを得ている姿を試行錯誤と捉え、十分に試行錯誤できるような環境や援助が大切だと学ぶことができました。

エピソード **3** ダンゴムシ公園を作ろう

2章

遊びの中で試行錯誤する子どもたち

● 「試す」「工夫する」「扱う」事例 （4歳児・5月）

【場面1 弱ったダンゴムシに塩をかける】
　トモヒロは弱ったダンゴムシを見つけると、保育者Bに「塩を準備してきて」と言った。トモヒロは家で魚を飼っていたことがあり、弱っている魚に塩をかけると元気になることを知っていて、ダンゴムシにもかけてみたいと思ったようだ。保育者Bが用務員さんのところに塩をもらいに行くと、トモヒロもついて行く。すると周囲にいたアツオ、ナツミ、コウジ、リノも一緒に行く。待っている間に、❶アツオがトモヒロに「かわいそうだね」と言うと、トモヒロはうなずく。アツオは近くにいた観察者にも塩をかけるとよいことを話す。周りにいた子ども全員がトモヒロを囲んで見ていた。❷トモヒロはダンゴムシに塩をかけると満足して池作りを始めた。

子どもの内面の変化

❶ダンゴムシを元気にしてあげたいという気持ち（欲求・目的）
❷ダンゴムシに塩をかけたことで、元気が出るに違いない（元気になった）という満足感（気付き・学び）

　トモヒロ、アツオ、ナツミは2週間程前からダンゴムシを探しては虫かごに入れて遊んでおり、特にトモヒロは、毎日のようにダンゴムシを見たり世話をしたりして親しんでいました。この日、トモヒロは元気のないダンゴムシを見つけると、元気にしてあげたいという気持ちになったようでした。トモヒロは家で魚を飼っていた経験から塩をかけると元気になるという自分なりの考えをもってダンゴムシに関わりました。この方法がダンゴムシにも効果的かどうかについて確かめるような様子は見られませんでしたが、塩をかけたことで満足感を味わっていたように感じられました。

063

子どもの学び

　ここでは、ダンゴムシに塩をかけるという、これまでの経験を生かした関わり方が見られました。これは、対象との関わり方について学んでいると捉えています。また、ダンゴムシに対する親しみから元気になってほしいという気持ちをもち、これまでの経験を生かした態度や、行ったことによる満足感は対象に関する自分自身についての学びと捉えています。

　子ども一人ひとりに注目してみると、トモヒロがダンゴムシを元気にしたいという欲求・目的を満たすためにトモヒロがダンゴムシ（対象）と何らかの方法で関わっている姿は、アツオたちにとって対象と関わるモデルとなっています。そして、アツオたちの見守る姿に支えられて、トモヒロはのびのびと対象と関わることができました。

環境の構成と保育者の援助

　ダンゴムシに塩をかければ元気になるかどうかについて、保育者は聞いたことがなく、半信半疑でした。しかし、塩をかけることがダンゴムシにとってよいことかどうか確かめるよりも、ダンゴムシを元気にしたいというトモヒロの気持ちを大切にすることを優先し、実際に塩をかけられるように援助し、見守りました。

　周囲の友達との関わりについて見てみると、アツオがトモヒロに向けて「かわいそうだね」と言葉をかけている姿や、観察者に対して塩をかけるとよいと話しかけている姿、この場にいる子ども全員がトモヒロの様子を見守っている姿を見ることができました。これらは、その場にいる友達や保育者がダンゴムシを心配する気持ちを共有し、トモヒロが考えたダンゴムシを元気にする方法に期待をもっている姿と言えます。周囲の子どもが直接関わったというよりは、肯定的な雰囲気を作り出していました。このような周囲の友達の関わりが、トモヒロの試行錯誤する行為を支えていたと考えます。

| 子どもの内面の変化 | 【場面2　橋にするものを見つける】 |

　トモヒロは昨日使った石を並べ、池を作り始めた。コウジは近くにあった木材を見つけると「これを橋にするんだ」と言った。トモヒロは石を並べながらその話を聞いていた。❸<u>トモヒロはコウジが持っていた木材を取って「この橋はだめだ」と投げてしまった</u>。するとコウジは、目の前にあったペットボトルの筒を見つけ、「こういうのはどう？」と言った。トモヒロは「いいね、いいね」と答え、アツオは「ここをダンゴムシが入るってことじゃない？」と言った。保育者Bが「いいのがあったね」と言うと、コウジは「いいものがあったね」と繰り返し、うれしそうだった。トモヒロは、❹<u>「もう少し（ペットボトルを）長くすれば完璧」</u>と続けた。保育者Bはトモヒロの言葉を受けて、橋を長くするためにペットボトルを探し始めた。

❸前日までの経験から、橋になる材料を選択する（対象との関わり）

❹橋が短いことに気付いて、保育者に長くするように要求する（対象との関わり）

❺水が漏れないように、石の大きさや向きを考えて置く（対象との関わり）

❻水が漏れるという問題に対して（気付き・学び）、友達に石や泥を持ってくるように要求する（対象との関わり）

❼水が漏れないように、石の大きさや向きを考えて置く（対象との関わり）

❽石が足りないことに気付いて石の大きさや数を保育者に要求する（対象との関わり）

❾池ができた満足感を味わう（気付き・学び）

❿水が漏れているところを見つけ、石が必要なことに気付く（対象との関わり）

【場面3　池を作る石が足りない】

　❺<u>トモヒロが石を並べて池を作っている様子を見ていると、隙間に石を置いたり、石の向きを変えたりして何度も作り替えていた</u>。コウジも一緒になって石を並べていると、「ここから水が出ちゃうけど」と言った。トモヒロは残っている石を見た後、❻<u>「じゃあ、小さい石を持ってきて。泥でもいいから。後でペチペチするから」</u>と答えた。❼<u>トモヒロは石と石の隙間を気にしながら、石を置き直したり、適当な石を見つけてはめ込んだりした</u>。ダンゴムシを見ていたアツオは立ち上がって石を見ると、「B先生、もっと大きい石。石、もっと持ってきて」と言う。❽<u>トモヒロも「あと6個ぐらい」と言う</u>。それを聞いていたナツミは園庭に落ちていた石を持ってくる。トモヒロは石を置き終えると、❾<u>「大きい池ができた」</u>と何度も言った。そして、❿<u>「水が漏れないためにもっと石が必要」</u>と言った。

2章　遊びの中で試行錯誤する子どもたち

065

⑪橋の長さがまだ足りないことに気付く（気付き・学び）
⑫橋を長くする方法を考える（対象との関わり）
⑬別の方法を思い付く（対象との関わり）
⑭上記（⑬）の方法がうまくいき、満足する（気付き・学び）
橋に関する場面2・4について、トモヒロは池の上に橋を渡したいという欲求・目的をもっています。橋になりそうな材料を選び、長さが足りないと感じると長くしてほしいと保育者に頼んだり、橋の向きを変えたりするといった、意図をもって対象である橋と関わる様子が見られました。
⑮水が漏れないように、泥で隙間を埋める（対象との関わり）
⑯友達の姿を認めつつ、引き続き泥で隙間を埋めることを繰り返す（対象との関わり）

【場面4　ペットボトルの橋がとどかない】

　⑪トモヒロは長くしたペットボトルを池に置いてみたが、やはり、⑫長さが足りず「他の学年にペットボトルをもらいに行けばいい」と言った。様子を見に来た保育者が「トモヒロくんはどうしても橋を長くしたいってこと？」と聞いた。⑬トモヒロは少し考えた後、コウジに向かって「橋を貸して、斜めにすればもう大丈夫」と言って、ジェスチャーで置く位置を示した。アツオは「トモくん、いいこと考えたね」と言った。⑭コウジがトモヒロの言ったところにペットボトルを置くと、トモヒロは「こんな感じだ」と言い、保育者Bも「いいんじゃない！」と喜んだ。

【場面5　池から水が漏れる】

　コウジがバケツの水を池に注ぐと、水が漏れてしまった。⑮トモヒロは漏れたところを泥でせき止めようとしていた。ナツミは「ここから漏れるよ」と言って、トモヒロとは別の隙間を埋めている。コウジやリノが水を入れる中で、シゲノリも水を注ごうとするが、立った状態で注いでしまい、トモヒロとナツミにしぶきがかかる。トモヒロはシゲノリに「下からやって！」と言うと、次々に運んでくる友達にも「下からやって！」と言った。時々、⑯ナツミが「ここからも漏れてる」と言うと、トモヒロは「頭いいね、ナっちゃん」と言い、それぞれが隙間を埋めていた。

この２〜５の場面は時系列に沿ったものですが、橋に関する出来事と池作りに関する出来事に分けることができますので、橋に関する場面２・４と、池に関する場面３・５、それぞれについて見ていくことにします。まずは、橋に関する場面２・４から。

子どもの内面の変化

❸前日までの経験から、橋になる材料を選択する（対象との関わり）

❹橋が短いことに気付いて、保育者に長くするように要求する（対象との関わり）

⓫橋の長さがまだ足りないことに気付く（気付き・学び）

⓬橋を長くする方法を考える（対象との関わり）

⓭別の方法を思い付く（対象との関わり）

⓮上記（⓭）の方法がうまくいき、満足する（気付き・学び）

　橋に関する場面２・４について、トモヒロは池の上に橋を渡したいという欲求・目的をもっています。橋になりそうな材料を選び、長さが足りないと感じると長くしてほしいと保育者に頼んだり、橋の向きを変えたりするといった、意図をもって対象である橋と関わる様子が見られました。

子どもの学び

　「ダンゴムシ公園を作りたい」というトモヒロの思いから遊びが始まりました。担任保育者はどのような公園だろうかと思って尋ねると、トモヒロは「そこには大きな池があって、橋があり、ダンゴムシが渡るんだ」と答えました。そこで、事例の前日にも同じような遊びをしていたため、池作りの近くに、幅３センチ長さ50センチ程度の木片、500ミリリットルのペットボトル３つをつないだ長さ50センチ程度の筒、幅８センチ長さ60センチ程度のプラスチックの板片を池の近くに置いておきました。前日は、木片を橋にして渡らせようとした際、ダンゴムシを持つと丸まってしまい橋から転がってしまうことがありました。トモヒロはこの出来事を経験していたため、この日初めて遊びに加わったコウジに対して、下線❸のように拒否したのだと思われます。一方、コウジがペットボトルの筒を見つけた時、トモヒロは丸まっても下に落ちないと判断したのでしょう。

2章

遊びの中で試行錯誤する子どもたち

保育者の「いいのがあったね」という言葉はコウジの喜びにつながり、ト
モヒロも保育者の肯定的な言葉が支えとなって意欲的に池作りに取り組む
態度につながりました。

　下線❹でトモヒロは、橋を置くことなく、短いと判断しています。下線
❺では、実際に置いて見て、まだ長さが足りないことに気付いています。
下線⓬では、保育者にペットボトルをもっと長くすることを要求したり、
ペットボトルがないと分かると「他の学年にもらえばいい」など代替え案
を提案したりして、問題解決を図ろうとしています。また、保育者はトモ
ヒロに橋を長くしたいのか問いかけると、トモヒロは下線⓭のように、ペ
ットボトルの向きを変えるという発想の転換をし、下線⓮のように満足感
を味わうことができました。保育者は「トモヒロくんはどうしても橋を長
くしたいってこと？」という言葉をかけましたが、直接的に解決策を示唆
していません。そのため、トモヒロがペットボトルの向きを変えようと思
い立った要因については不明ですが、その場に居合わせた保育者は、トモ
ヒロの発想の転換に驚きました。

　これらの姿からトモヒロが学んでいることを見ていくことにします。
「対象についての学び」では、ダンゴムシが渡れる素材の選択、橋の長さ
への注目、橋を置く向きへの気付きが読み取れます。また、橋の材料がな
い時に別の方法を考える、池の大きさと橋の長さを意識しながら橋の長さ
や向きを調整する、といったことが「対象との関わり方についての学び」
と言えるでしょう。また、他者に協力を求める、考えたことを実現させ満
足する姿は「対象と関わる自分自身についての学び」と考えます。このよ
うにさまざまなことを学んでいると言えます。

環境の構成と保育者の援助

　橋に関する試行錯誤を支えた援助として、ペットボトルの橋が１つだっ
たことが挙げられます。トモヒロ、アツオ、ナツミはいつも一緒に遊んで
いて友達関係が築かれていました。この日、コウジやシゲノリ、リノとい
った普段はあまり遊ばない子どもも加わっていましたが、トモヒロの意図
と合わなかったり邪魔したりするといった様子は見られませんでした。常
に６人がいたわけではなく出入りしながら遊んでいたのですが、場や遊
具、困った出来事をその場にいる友達と共有していた様子から、周囲の友

達がトモヒロの考えや行為に注目していたことが分かります。これらの場面では、トモヒロの言葉や動きに注目することによって、橋の長さが足りないという問題を共有したり、無事に置くことができた時に満足感を共有したりすることを味わったと思われます。

　また、ペットボトルの橋を長くしてほしいという思いに保育者が応えているように、要求に応えてくれる大人がいることによって、目的が継続したと考えます。ペットボトルを長くすることを子どもに任せてしまうと、難しかったり面倒だったりし、遊びが続かなかったかもしれません。子どもにとってこれは難しいだろうと思われる時には、保育者の手伝いも大切だと考えます。

　トモヒロと担任保育者とのやりとりについて、担任保育者はどれだけトモヒロの思いが強いかを確かめようとしました。この時、ペットボトルを探すか、池の形を変えることを提案しようと考えていました。保育者の言葉の後、トモヒロがペットボトルの向きを変えたことを踏まえると、保育者の言葉が何らかの影響を与えたと思われます。

　次に池作りに関する場面3・5について述べてみます。

子どもの内面の変化

❺水が漏れないように、石の大きさや向きを考えて置く（対象との関わり）

❻水が漏れるという問題に対して（気付き・学び）、友達に石や泥を持ってくるように要求する（対象との関わり）

❼水が漏れないように、石の大きさや向きを考えて置く（対象との関わり）

❽石が足りないことに気付いて石の大きさや数を保育者に要求する（対象との関わり）

❾池ができた満足感を味わう（気付き・学び）

❿水が漏れているところを見つけ、石が必要なことに気付く（対象との関わり）

⓯水が漏れないように、泥で隙間を埋める（対象との関わり）

⓰友達の姿を認めつつ、引き続き泥で隙間を埋めることを繰り返す（対象

との関わり）

　池作りに関する場面3・5では、トモヒロは大きい池を作りたい、水が漏れないようにしたいという欲求・目的をもち、石の向きや大きさを意識したり、別の石をはめ込んだり、泥で固めたりしながら池と関わっています。しかし、徐々に泥で固めることにも面白さを感じ始め、ダンゴムシが橋を渡った後（場面6）も繰り返している姿からは、泥を扱うことに面白さを感じており、「水が漏れない池を作りたい」と「泥を扱うことが面白い」という感情を行ったり来たりさせながら試行錯誤していたと考えます。

子どもの学び

　保育者は、大きい石で15〜20センチ四方、小さい石で5センチ四方くらいの石を20個近く用意していました。下線❾の言葉に至るまでのトモヒロの姿を見返してみると、大きい池を作りたいという目的をもって石を置いていたことが分かります。しかし、形がいびつなため、どんなに組み合わせても水漏れするのは避けられませんでした。そのため、石の形や置く向き、新たに石を入れ込むことを何度も確かめています。

　他者との関わりでは、下線❻❽のように足りない石や必要な泥を持ってきてくれるコウジやナツミ、協力する保育者の存在、トモヒロのやりたいことを共有しているアツオの存在がトモヒロの池作りを支えていました。また、コウジやリノ、シゲノリが池に水を注ぐと水が漏れるという問題を受けて、トモヒロは石の置き方を変えたり、水の注ぎ方を知らせたりしていました。水が漏れるという問題に関して、ナツミはトモヒロにとって、同じように泥で固めたり、水が漏れている位置を知らせたりするなど、問題解決に向けて共に行動する存在になっていることが分かります。このように、友達という存在は、助けてくれることもあれば、さまざまな問題を引き起こし、試行錯誤をせざるを得ない要因になることもあります。

　以上のような姿から、池作りに関する試行錯誤でトモヒロが学んでいることを取り上げてみます。「対象についての学び」では、石の大きさや向き、数に気付き、学んでいると言えます。また「対象との関わり方についての学び」では、石の大きさや形を意識して置くことや、これまでの遊び

の経験を生かして小さな隙間を泥で埋める方法をやってみることを学んでいると言えます。「対象と関わる自分自身についての学び」では、友達や保育者にも手伝ってもらう、水が漏れる度にやり直す、できた満足感を味わうといったことを学んでいると捉えました。

環境の構成と保育者の援助

池作りに関して、石や泥という素材がここでの試行錯誤を支えていました。石や泥は、置き方を変えたり数を増やしたりすることが容易であり、何度でもやり直しができるといった可塑性があります。紙のように一度行うとやり直しが効きにくく、やり直したい気持ちが起こりにくい素材とは異なります。何度でもやり直しができる素材は試行錯誤を生み出しやすいのではないでしょうか。また、水を注ぐことによって漏れることに気付き、すぐに石の置き方を修正することができるなど、自分の行為の結果がすぐ分かり、修正することが比較的簡単に行えることは、試行錯誤に適した素材であると考えます。

橋の場面と同様に、石を持ってくるといった協力的な保育者の援助は、トモヒロの池を作りたいという目的を支える役割を担っていました。

子どもの内面の変化

❶ダンゴムシを渡らせたいという目的を達成する（気付き・学び）
❶興味が変化する（欲求・目的）

【場面6　ダンゴムシを渡らせる】
池の補修に夢中になっていたところに、保育者がダンゴムシのケースを持ってくる。トモヒロは元気なダンゴムシを選ぶ。周りの子も見ている。
❶ダンゴムシがペットボトルの橋を渡りきると、アツオが「よかったね」と言った。
❶トモヒロは再び池の補修を始める。担任保育者もやってきてダンゴムシが渡る様子を見せてもらい、「大成功だね」というと、トモヒロはうなずいた。

場面6では、ダンゴムシがペットボトルの橋を渡ったことに対して、下

線⓱のアツオの言葉がその時々の困った出来事を乗り越え、目的を達成し、満足感を味わっていたと読み取れます。場面１〜６までを通して、トモヒロを取り巻く友達が、トモヒロの考えに沿った行動をしていたことや、認めるような言葉を多く発していたことが肯定的な雰囲気をつくり、そのことがトモヒロの試行錯誤を支えていたと言えるでしょう。

子どもの学び

　ここでトモヒロが学んでいることは、ダンゴムシを渡らせるという目的を達成し満足感を味わう、目的の達成を友達や保育者と共有する、次への興味を見つける、といった「対象と関わる自分自身についての学び」に関することと捉えました。

環境の構成と保育者の援助

　担任保育者が見に来た時には、すでにダンゴムシを渡らせた後のようでしたが、時間をかけて橋や池を作っていたので、保育者もダンゴムシが橋を渡ったところを見てみたいと思っていました。橋を渡り切ったダンゴムシを見て、保育者は成功したことを喜び、トモヒロに認めるような声かけをしました。しかし、トモヒロは思うよりも成功したことを喜んでいないことが気になっていました。

　その後、この遊びを見ていた他の保育者から次のような意見が出されました。「この時期の子どもは、大きな池を作って橋を渡しダンゴムシを渡らせたいという大きな目的があって、それに向かって池作りや橋を長くするといった小さな目的をクリアしていくような遊び方というよりは、『ダンゴムシを渡らせたい』『大きな池を作りたい』『ペットボトルの橋を渡したい』『水が漏れない池を作りたい』といった１つ１つが目的となり、子どもたちはその時々を楽しみ、満足感を味わっているのではないか」という意見です。場面６で、保育者がダンゴムシの渡る様子を見せてもらった時、トモヒロはあっさりと受け答えたのですが、それは、ダンゴムシを渡らせる当初の目的に満足し、池の水漏れを防ぐという目的に興味が移っていたからではないかと理解しました。

　４歳児５月という時期においては、子どもの遊び方から学びを読み取る際、目的が変わりやすかったり、いくつかの目的が重層的に進んだりして

いることもあるのでしょう。そのことを踏まえると、目的を意識しすぎた限定的な援助では、子どもが得る学びは限られることもあります。子どもの主体的な動きを見守りながら、そのつど学びを得られるような保育者の援助が必要であると考えます。

エピソード **4** 作った船を
浮かべたい

> ● 「試す」「工夫する」事例 （4歳児・11月）

子どもの
内面の変化

❶作った船を水に
浮かべてみたいと
いう目的が発生す
る（欲求・目的）

❷「帆がないか
ら」という友達の
言葉を受け、空き
箱を帆として付け
足す（対象との関
わり）

❸「牛乳パックの
口が開いているか
ら」という保育者
の言葉を受け、閉
じてみる（対象と
の関わり）

【ヤクルトは浮く！】

　ケンタとヒロシが牛乳パックや空き箱をつなぎ合わせて船を作
っていた。❶2人が作った船を持って「水に浮かべてみたい」と
保育者に言いにきた。保育者がタライに水を溜めてやると、作っ
た船を実際に浮かべてみた。他の子どもも数人集まってくる。ケ
ンタの船は牛乳パックの口が開いているため、船の中に水が入っ
てしまい、倒れてしまう。ヒロシの船は牛乳パックの口が閉じて
いるため、倒れない。保育者が「どうして倒れるんだろう」と投
げかけると、ヒロシが「分かった！ 帆がないからだ！」と言う。
その意見を受け、❷ケンタは薄い空き箱を使って帆を付け足し
た。パックの口は開いたままで水は入り続け、さらに帆を付け足
したことでバランスがより悪くなり倒れてしまう。保育者が「帆
じゃなかったんだね。どうしてだと思う？」と近くでずっと見て
いたハル、ユウト、カズヒコに聞く。「（帆を付けたから）背が高
くなりすぎたんじゃないかな？」「重すぎるんじゃないかな？」
などアイデアは出るものの、牛乳パックの口が開いているからと
いう意見は出てこない。保育者はその意見を受け止めながら、
「ヒロシくんの船との違いって何だろう？」と投げかけるも、パ
ックの口が開いていることには気付かない。ケンタは何度やって
もうまくいかないこの時点で浮かべることをあきらめかけてい
た。その様子を見て、❸保育者が「もしかして、牛乳パックの口
が開いているからかも」とつぶやくと、それを受け、ケンタは牛
乳パックの口を閉じてもう一度浮かばせてみた。しかし、帆をつ
け、バランスが悪くなったことで、口を閉じたものの倒れてしま

❹「ヤクルトは浮
く」という友達の
言葉を受け、付け
足す（対象との関
わり）
❺沈む原因を考え
たり、浮く素材を
使ったりして浮か
ぶ船を作れた（気
付き・学び）

う。すると、❹ユウトが「ヤクルト（の容器）は浮く！」と言
う。それを受け、ケンタは船の両側面に同じ数だけヤクルトの容
器をつけた。❺水に浮かべてみると、倒れずに浮き、喜んだ。保
育者が、「そっか、ヤクルトは浮くんだね！」とその場にいた幼
児に聞こえるように言った。その後、「ペットボトルのふたは浮
く」「紙は破れる」など、浮くものと浮かないものを試してみて
いる幼児もいた。そのつど、保育者も「ペットボトルのふたは浮
くのか〜」などその場にいる幼児に聞こえるようにつぶやいた。

　ケンタとヒロシの中で、作った船を水に浮かべてみたいという欲
求・目的がうまれました。（下線❶）しかし、ケンタの船は水に浮か
べてみると倒れてしまいます。倒れずに浮かべるために、友達や保育
者の言葉を受け、色々な方法で対象と関わっています（下線❷❸❹）。
沈んでしまう原因を自分で考え、その方法を試すというよりは、この
場のケンタは友達が考えた方法を試すという方法をとっています。友
達や保育者の意見を受け、やってみてはうまくいかず…を数回繰り返
し、最終的には倒れずに浮かぶ船を作ることができました（下線❺）。

子どもの学び

　ケンタは、友達や保育者の言葉を受け、それぞれの方法を実際に試して
みていました。友達から「（倒れてしまうのは）帆がないからだ」と言わ
れ、空き箱で帆を付け足してみましたが倒れてしまい、保育者の「牛乳パ
ックの口が開いているから」という言葉を受け、パックの口を閉じてみま
したがそれでもやはり倒れしまい…ということを繰り返していました。こ
の流れの中で原因は「帆ではない」「牛乳パックの口でもない」と自分が
作った船が倒れてしまう原因がこれではなかったという学びを得ていきま
す。最終的には「ヤクルトの容器は浮く」という友達の意見を受け、実際
に船の左右の側面に付け足してみると船は倒れずに浮きました。ここで
「ヤクルト（プラスチックの容器）は浮く」という「対象についての学び」
を得ています。
　「帆がついていないから」という友達の意見を受け、実際に帆を付け足
す際にケンタは薄い箱を選び、船に対して垂直になるように付けてみまし

た。それはきっとケンタの中で「船の帆は薄くて立っている」というイメージがあったからでしょう。また、ヤクルトの容器をつける際には片側だけでなく、両側側面に同じ数だけ付け足しました。これも「片側だけだと傾くだろう」という予想のもと行ったと考えられます。こうしたケンタの動きから、ただ友達の意見を受け、手当たり次第に材料を選びやってみているというわけではなく、ケンタなりに感覚的、論理的な予想を立てながら取り入れていることがうかがえます。今まで積み重ねてきた気付きや学びがあるからこそ、友達の言葉がきっかけとなって「こうしたらこうなるだろうな」という予測や見通しをもち、やってみたと考えられます。これは「対象との関わり方についての学び」と言えるのではないでしょうか。

　また、「対象と関わる自分自身についての学び」もありました。ケンタは保育者や友達の言葉に支えられながら最終的に倒れずに浮かぶ船を作ることができました。最初に、保育者はケンタの船が倒れてしまう理由を本人に問いかけたところ、それに答えたのは側にいたヒロシでした。ケンタもヒロシの意見を受け、実際に帆をつけてみています。ヒロシやケンタは、今まで自分の作りたいものを作ることができたら満足というように、遊びの中で友達の動きやしていることに興味をもつことはあまりなかった幼児でした。しかし、ここでは互いのしていることや作ったものにも関心をもち、一緒に考えたり、友達の助言を受け自分の遊びに取り入れてみたりする姿が見られました。ケンタの中で人間関係の広がりや、思考の柔軟性がついてきたからでしょう。さらに、保育者や友達の存在はケンタの最後まであきらめない根気にも影響を与えていたました。「作った船を浮かべたい」という明確な目的があるものの、うまくいかないことを繰り返すうちに、ケンタは倒れず浮かぶ船を作ることをあきらめ始めていました。ここで友達や保育者が側にいなかったらあきらめていたかもしれません。しかし、一緒に考えてくれる友達や保育者がいたことでそれが支えとなり、最後まであきらめずに根気強く取り組むことができました。その結果、倒れずに浮かぶ船を作ることができ、満足感を得ることができました。

環境の構成と保育者の援助

　側で見ていた保育者はケンタの船が倒れてしまうのは、牛乳パックの口

が開いており、そこから水が入ってしまっているからだろうということに気付いていました。しかし、ケンタが根気強く何度も作り直す姿を見ていたり、この頃の子どもの実態として、互いのしていることに興味・関心が高まり、遊びの中でも友達同士の会話が増えてきたりしている様子を踏まえ、保育者が原因を示すのではなく、近くで見ていた友達に問いかけ、みんなで知恵を出し合い、解決できるよう援助していきました。

　その後、みんなで意見を出し合うものの、なかなか原因となっている部分に目が向けられないでいる様子だったので、保育者が子どもに考えるヒントとなるような声かけを行うことにしました。子どもたちはケンタの船にのみ目が行っている様子だったので、実際に浮いているヒロシの船との違いは何かを考えられるようにしました。このように、"比べる"ことで見えてくるものがあるという経験も必要だと考えたからです。

　しかし、子どもたちの中から「牛乳パックの口が開いているから」という意見が出てこなかったため、保育者がそのことをつぶやいてみました。その理由として、この時のケンタは徐々にうまくいかないことに苛立ちを感じ始めていたので、これ以上原因を考える時間があっても、集中力が続かず、気付き・学びを得る前にあきらめてしまうかもしれないなと予想したためです。子どもの様子によっては、課題解決への意欲を取り戻したり、継続させたりするために保育者が解決への糸口を示すことも大切であると考えます。

　また、最後に友達が得た学びや気付きを、保育者がその場にいる他の子どもにも伝わるようつぶやいたのは、他の子どもの「やってみたい」という欲求・目的につながったり、これは浮く、浮かない、水に濡れると破れるという知識を共有できたりしたらといいという思いがあったからです。

子どもの 内面の変化	【友達のを見てごらん】

❻前日の友達の遊んでいる姿を思い出し、自分もやってみたいという目的が発生した（欲求・目的）
❼前日の友達の様子を受け、材料を選びながら作る（対象との関わり）

❻翌日も船作りが始まる。前日も船作りの場にいたカズヒコやユウトらは❼牛乳パックの口を閉じること、ヤクルトの容器を使うことを覚えており、すぐに材料を選び作り始め、浮かべて遊ぶことができた。

❽用意されている材料でとりあえず作ってみる（対象との関わり）
❾保育者の声かけを受け、友達のを見ながら作ってみる（対象との関わり）

前日に他の遊びをしていたリョウヘイやユウキは❽用意されていた材料を手当たり次第に選び作る。結果、船は沈んだり倒れたりするので、❾保育者が「友達のを見てごらん」「ヤクルトの容器は浮くらしいよ」「どうして沈むか友達に聞いてみよう」と友達の姿や気付きに目を向けたり、耳を傾けたりできるような声かけをした。それを受け、ユウキやリョウヘイも紙の箱を外し、ヤクルトの容器と取り替えたり、船底にペットボトルのふたをつけたりしてみた。しかし、リョウヘイの船は浮かんだものの、ユウキの船は何度やっても沈んでしまう。材料を変えたものの、セロハンテープで止めていたり、空き箱の口が開いたまま作っていたりしたので、なかなか浮かず、箱が濡れてつぶれてしまい、最後はあきらめてしまった。

　前日に友達が船を作っている姿やその船で遊んでいる姿を見ていたカズヒコやユウト、ハルらの中で、自分もやってみたいという欲求・目的が生まれ、船作りを始めました。その姿を見て、リョウヘイやユウキもやってきました。(下線❻)。カズヒコやユウト、ハルらは前日のヒロシやケンタの様子を見ていたので、倒れずに浮かぶ船作りに合った材料を選び、作り始めました(下線❼)。しかし、リョウヘイやユウキのように前日にその場にいなかった子どもたちは、その場にある材料を素材や大きさなど特に何の関係もなく選んで作り始めています(下線❽)。うまくいかないリョウヘイやユウキに保育者は「友達のを見てごらん」等の言葉をかけてみたところ、2人は友達の作ったものを見ながら、作り直し始めました(下線❾)。

子どもの学び

　カズヒコやユウト、ハルらは前日の様子を見ていたので、「重すぎたらいけないのではないか」「牛乳パックの口が開いていると水が入る」「ヤクルトの容器は浮く」というように、性質や仕組みを考えながら材料を選び、作り始めます。ヤクルトの容器を付ける際も、船の両側面に同じ数だけ付けていました。そのため、すぐに倒れずに浮かぶ船を作ることができました。自分の経験上の知識をもとに、取り組んでいたからです。一方

で、リョウヘイやユウキのように前日にその場にいなかった子どもたちは、浮かぶ船を作りたいという目的があるものの、行き当たりばったりで材料を選び作っているため、船が浮かばず、倒れたり、沈んだりしてしまいます。保育者が、友達の作っている様子に目が向けられるような声かけをしたり、前日にみんなで得た気付きや学びを伝えたりしたことで、リョウヘイは浮かぶ船を作ることができました。倒れずに浮かぶ船を作る材料選びや作り方、つまり、「対象についての学び」や「対象との関わり方についての学び」を友達の姿や保育者の言葉から得ることができたからです。しかしユウキはそれでも最終的には浮かぶ船を作ることができませんでした。この原因として環境構成や保育者の援助が原因だったと考えられます。次の〈環境の構成と保育者の援助〉の中で考えてみます。

環境の構成と保育者の援助

　保育者は、前日の子どもたちの姿を受け、今日も船作りをやるだろう、人数も増えるだろうと考え、園庭に製作テーブルと材料など船作りの場を設定し、すぐに浮かべて遊べるよう、また互いの船が見合えるようタライも2つ用意しました。

　前日に「これは浮くね」「これは濡れたらだめだ」と試す子どもの姿を受け、船作りの素材には、浮くもの、濡れても破れないもの（ヤクルトの容器、ペットボトルのふた、プリンのカップ、ガムテープなど）、濡れたら破れたり、剥がれたりするもの（紙の空き箱や容器、セロハンテープ）と子どもが試しながらさまざまなことに気付けるよう、多種類の素材を用意しました。しかし、そうしたことで、子どもによっては一生懸命作ったものがすぐに沈んだり、壊れたりしていまい、「作った船を浮かべて遊びたい」というその遊びの楽しさを感じられずにやめてしまう姿につながってしまいました。子どもの欲求・目的が「作った船を浮かべて遊びたい」ということであれば、浮かぶ材料、濡れても破れない材料だけを用意することで、欲求・目的を達成でき、さらに作ったもので遊ぶという満足感も得られたのではないでしょうか。今回の環境構成では、浮くもの、浮かないものといった素材による試行錯誤、さらには箱の口を閉じる、バランスを意識して組み立てる、など組み立て方での試行錯誤も必要になってしまい、それは目的を達成するまでにぶつかる課題が子どもによっては多いと

も言えます。保育者も子どもに気付かせるポイントが多くなってしまい、援助しきれないという事態にもなりかねません。これらのことが、今回ではユウキのように途中であきらめてしまうという姿につながったと考えられます。幼児の欲求・目的が何なのかということをよく理解し、それに応じた環境構成や教材の準備が大切であると感じました。

コラム 人に教えるって難しい

「先生、ここをこうしたいんだけど…」「先生、難しいから代わりにやって」など保育中、試行錯誤をしている子どもからこうした声をたくさんかけられます。「こうしたい」という目的はあるのですが、それを解決できる知識や技量が伴っていないことが原因かもしれません。それに対して、保育者は子どもの代わりにやったり、ヒントを教えたり…とさまざまな関わり方をします。その子どもの発達段階や向き合っている課題の難易度によっても変わってくると思います。4〜5歳にもなると人間関係も広がってくるので「〇〇君に聞いてみたら？」「〇〇ちゃん、教えてくれる？」と友達同士で教え合うという機会を作る援助も増えてきます。しかし、この「教える」「教えてもらう」というのは案外難しいなと感じることがよくあります。

　ある日のこと、牛乳パックで電車を作っていたリョウスケが「先生、ここ（牛乳パックの口）を閉じたいんだけど難しい」と相談しにやってきました。もちろん保育者が代わりにやることもできました。しかし、それまでにリョウスケが自分で何度も口を閉じようと頑張っていた姿を見ていたので、リョウスケに「頑張ったら自分の力でできた」という気持ちを感じてほしいと思い、あえて「難しいね、どうやってやるんだろう」と返しました。すると、近くにいたカズヒロが「こうやるんだよ」とリョウスケの代わりにさっと口を閉じてくれました。保育者はリョウスケ自身に経験させたいという思いに加え、友達に教える、教えてもらうという経験になるのもいいかなという思いから「速すぎてよく分からなかったね。カズ君、ゆっくりやってくれる？」と助けてあげようと代わりにやってくれたカズヒロの思いも大切にしながらお願いしました。「ここをこうやってね…」とカズヒロはゆっくりとリョウスケに見えるようにもう一度やってくれました。それを受け、リョウスケは何とか自分の力で口を閉じることができ、とても満足そうで、電車作りの続きをし始めました。

　このように、友達に教える、教えてもらうという機会は、代わりにやってあげる、やってもらうという機会に変わってしまうことがあります。ここでも、もし教師が仲介していなければ、リョウスケが直面した課題をカ

ズヒロが代わりに解決し、リョウスケは満足していたかもしれません。自身の力で解決していれば得られたであろう学びを得られずに終わっていたかもしれません。教師は試行錯誤している子に対して、友達に教えてもらうという機会を設けるのであれば、その様子を見守り、その子の発達段階に応じて、代わりにやってもらうのがいいのか、自分の力で解決してほしいのかを気にかけて見ていく必要があると感じます。

エピソード 5 何だかワニが立たないんだ

● 「工夫する」事例 （4歳児・12月）

子どもの内面の変化

❶空き箱で作ったワニを立たせたいがうまくいかないという気持ちを味わう（気付き・学び）

❷倒れる原因を考え、脚の状態を自分の手や目を使って確かめる（対象との関わり）

❸倒れる原因を意識しながら、貼る位置を変えたり、長さを合わせるために切ったりする（対象との関わり）

❹対処したが、うまくいかない気持ちを再び味わう（気付き・学び）

❶ヨシアキが保育者のところにやってきて、「何だかワニが立たないんだ」と言った。見ると、空き箱やペーパー芯、セロハンテープを使って作ったワニが倒れていた（写真1）。保育者が「どうして倒れるのかな」と聞くと、❷ヨシアキは少し間をおいて「（脚の）長さが違う気がする」と答えた。ヨシアキは「ここ（の脚）が長くて、ここ（の脚）はぐらぐらする」「こっち（の脚）が小さすぎる」と言い、脚に手を当てて確かめた（写真2）。また、❸ペーパー芯を外して「貼るところを間違えた」と言って位置をかえたり、ペーパー芯をハサミで切ったりした（写真3）。しかし、その様子を見ていると、適当に切るので長さが合わなかったり、切ったところがギザギザになったり、箱とペーパー芯がきちんと貼っていなかったりしている。しばらくして、❹ヨシアキ

写真1　作ったワニが立たない

写真2　手を当てながらペーパー芯の長さや貼り具合を確認する

写真3　脚の長さを合わせようとハサミでペーパー芯を切る

❺倒れる原因を再び考え、原因を探し出す（対象との関わり）

❻倒れる原因を意識しながら、しっぽとなる空き箱を探して貼る（対象との関わり）

❼トウマが脚をしっかり貼ることで、ワニが立ち、目的を達成する（気付き・学び）

❽立った原因を考え、ワニに目を付けたり洗ったりする（対象との関わり）

❾再び倒れてしまうことに直面し、うまくいかない気持ちを味わう（気付き・学び）

は「できたぞ、立つといいけどな」と言って立たせるが、やはり倒れてしまう。保育者は、再び「どうして倒れるのかな」と言うと、❺ヨシアキは「こっち（頭）が重いらしい」と言った。保育者が続けて「じゃあ、どうしたらいいのかな」と言うが、ヨシアキは分からない様子だった。保育者は後方が重くなるとよいのではないかと思い、「しっぽがないからじゃない?!」と言うと、❻ヨシアキは牛乳パックを持ってきて、しっぽに見立てて貼り始めた（写真4）。

写真4　牛乳パックをしっぽに見立てて貼り付ける

そこにトウマがやってきて、「手伝うよ」と言った。トウマは脚がぐらつかないようにガムテープを使い、しっかりと貼った（写真5）。❼保育者が支えていた手を離すと、ワニが立った。トウマは脚を貼り終えると、満足したのかその場から離れた。❽ヨシアキは「トウマ君が好きなのかな…」とつぶやいた。その後、目の位置にシールを貼ったり、ブラシに見立てたもので体を洗う振りをしたりして、立たせる以外のことをし始めた。しかし、❾少しでも手が触れるとワニは倒れてしまう。保育者はどこに何を作り足したら立つだろうか、どうしたらヨシアキが考えられる方法で立つ

写真5　脚がぐらぐらしないように、ガムテープでしっかり貼る

写真6　ワニ完成

ヒントを与えられるだろうか、どのタイミングで保育者の考えや方法を教えようかなどと思いながら、「どうしたらいいかな？」とつぶやいた。しかし、ヨシアキからは考えが出てこなかったので、保育者が新しいペーパー芯を4つ持ってきて「これなら高

⑩保育者が言った方法を聞くが理解できない
⑪保育者の姿を見て、保育者の行為の意味が分かり、自分でもやってみる（対象との関わり）
⑫目的を達成し、満足して遊びに使う（気付き・学び）

さが合っているから、こっちに貼り替えよう」と提案した。⑩ヨシアキは最初、「意味が分からない」と言ったが、⑪保育者が貼り替え始めると、理解したようで、その後はガムテープを慎重に貼っていった。⑫完成させると（写真6）、うれしそうにワニを使って遊び始めた。

　ヨシアキは、これまで空き箱を使ってネコやミシンといったものを作って遊ぶなど、製作を好み、自分で作りたいものを思いつく力と、自分で作り上げる技能をもっていました。この事例では、ヨシアキは空き箱でワニを作ったものの、思うように立たないことから試行錯誤が始まり、「ワニを立たせたい」という目的をもち、うまくいかない原因を考え、方法を見出していく姿が見られました。

　ヨシアキは、ワニを立たせたいけれどもうまく立たないこと（下線❶）をきっかけにし、自分なりに原因を考え（下線❷❺❽）、原因を踏まえて対象と関わっています（下線❸❻❽⓫）。また、行為を通して、どうしたらうまくいくのか、いかないのかといったさまざまなことを学んでいます（下線❶❹❼⓬）。

　このように、うまくいかない場面では、原因を考え、それを解決するための行為を選択し、その行為の結果を確認する、といったさまざまな内面が読み取られ、しかも変化していく様子が見られました。ヨシアキが選んでいた行為は、目的に沿った行為が多いことから、目的が明確であることが読み取れます。行為がうまくいかない場合は、原因を導き、新たな関わり方を生み出していました。これらの行為を通して、なぜだろう、悔しい、うれしいといったさまざまな気持ちを味わったり、学びを得たりしていました。

子どもの学び

　この事例を通して、ヨシアキが学んだことについて、「対象についての学び」「対象と関わり方についての学び」「対象と関わる自分自身についての学び」に分けて取り上げてみます。

　「対象についての学び」では、ヨシアキの「（ワニの脚の）長さが違う気がする」「こっち（の脚）が小さすぎる」という言葉からは、ペーパー芯

の長さの違いに気付いていると読み取ることができます。また、「ここ（の脚）が長くて、ここ（の脚）はぐらぐらする」の言葉からは、貼り方に関すること、つまり強度への気付きを読み取ることができます。さらには、「貼るところを間違えた」と言ってペーパー芯を貼り替えるといったように、バランスについて感じていることも分かります。同様に、牛乳パックを持ってきて、しっぽに見立てて貼り始めている行為からも、バランスについて感じていることが読み取れます。これらの姿から、手あたり次第に行為を選択しているというよりは、うまくいかない原因を導き、仮説をもって問題を解決するための行為を選んでいることが分かります。

「対象との関わりについての学び」では、作る行為を通して、よく見る、手で確かめる、慎重に、丁寧にといったことを対象との関わりの中で学んでいます。目的を達成したいという思いがあるからこそ、このように対象としっかり向き合いながら関わっていたと思われます。また、うまくいかない場面に数回遭遇した際にいくつかの原因や方法を考えるといった関わり方も見られます。普段、うまくいかないことがあった時に子どもたちにその理由を尋ねると、1回くらいは原因と思われる考えを言うことができますが、何度も原因を言えることはめずらしく、どちらかと言えばうまくいかずにあきらめてしまうことが多くあります。ヨシアキはうまくいかないたびにその原因を答えており、作って遊ぶ経験があるからこそ、いくつかの原因を考えることができるのだろうと思われます。また、うまくいかず原因を考えられなくなった時に、保育者の助言を聞き意見を取り入れていた姿からは、目的に向かおうとする関わり方を学んでいると考えます。このように、対象に関わる際に、他者と関わることによって新たな関わり方を見出していくこともあります。

ところで、トウマが脚を貼ることでワニが立った後、ヨシアキは「トウマ君が好きなのかな…」とつぶやいたり、目になるシールを貼ったり体を洗ったりしました。科学的な側面だけでなく、情緒的な側面も合わせて行動している姿は幼児期特有の姿であり、学び方なのかもしれません。

「対象に関わる自分自身についての学び」では、ヨシアキは原因を導き、それに沿って行動しています。これは自分なりに原因を考えて取り組む態度と言えます。実際は、倒れてしまうワニの様子を目の当たりし、悔しさやなぜうまくいかないのだろうという気持ちを味わっていると考えます。

そのような気持ちを味わっていながらもあきらめない気持ち、ワニを立たせたるまで続けようという意欲、そして立ってうれしいという満足感を味わっていたと読み取ることができます。また、トウマが手伝った後では、より製作物への愛情をもって関わっている様子も見て取れます。

環境の構成と保育者の援助

　この事例で保育者が行った援助で印象深かったことが3つありました。
　1つ目は、ヨシアキの行為が感覚的で、行為に対してどのような手伝いや言葉がけができるだろうかと迷いながら援助したことでした。当初、ヨシアキが立たない原因や方法を考えながら切ったり貼ったりしている行為を保育者は好意的に見ていました。また、うまくいかないと、異なる原因を見つけては新たな方法を考えるところに成長を感じ、うれしく思っていました。しかし、ハサミで切ったり貼り直したりすればするほど、脚と床との接地面が少なくなり、結果、立たないといったことが保育者には分かり、ヨシアキの行為がうまくいかない原因になっていると感じていました。結局、ヨシアキの主体的な行為を大切にするあまり、保育者は見守る関わりを選択するとともに、最終的に原因を言わずに解決方法だけを伝えてしまい（下線❿）、どうしてそのような方法を保育者がやってみせたのかということを伝えていませんでした。「立つワニを作りたい」という目的をもっていたからこそ保育者が思う原因をしっかり伝えたうえで、長さをそろえて切る方法やペーパー芯を貼る位置を知らせるなどの援助が必要でした。
　2つ目は、原因や方法が行きづまった時に、どのタイミングでどの程度、保育者の考えを知らせようかと思っていたことです。ヨシアキがさまざまに対処したもののワニが立たなかったので、保育者は何とか立つワニを作り上げ、満足感を味わってほしいという願いをもっていました。そして、どうしたら立つだろうか、どうしたらヨシアキが考えられる方法で立つヒントを与えられるだろうか、どのタイミングで保育者の考えや方法を教えようかなどと思いながら声をかけていました。しかし、下線❾以降、ヨシアキが集中しなくなったとマイナスに捉えたため、保育者が直接的に言うと、ヨシアキはあきらめるのではないかという不安がよぎり、関わりのタイミングを慎重に計っていました。これまでヨシアキは、原因や対処

方法を考え出しては作り直していましたが、うまくいかないことが続くと、行きづまって言葉が出ず、手を動かそうとしなくなりました。保育者は、その時を見計らって、考えを知らせることにしました。やりたいことが明確にあるものの、言葉や行為が止まった時には、保育者の考えを知らせることで、目的に向かう気持ちが保てるのではないかと考えます。その際、保育者の考えが受け入れられなかったり理解できなかったりする時には別の考えや方法を提示する必要もあるでしょう。

3つ目は、トウマや保育者の関わりの場面での援助です。トウマも保育者も、ワニを立たせたい思いを実現してほしくて関わっていましたが、そのことによって、ヨシアキの気が逸れていくことを感じていました。しかし、この事例を他の保育者と読み合った際に、下線❽のヨシアキの姿について異なる意見が出されました。それは、ヨシアキが「トウマ君のことが好きなのかな…」とつぶやいたり、ワニに目を付けたり体を洗ったりしたのは、集中が切れたのではなく、自分を好きになってもらうためであり、好きになってもらうことでワニが立つのではないかという意見や、ワニをかわいがる方に目的が変わったのではないかという意見でした。

本来、試行錯誤は知的な力を必要とします。ワニが立つことと、作った人が好きかどうかということは、ここでの物事の規則性や法則性には直接関係がありません。しかし、ヨシアキのように、製作物に愛情を込める幼児期なりの見方や考え方はとても大切であると考えさせられました。製作物に対して愛情を込めることは学びに向かう力や人間性といった資質・能力であり、試行錯誤を支える基盤となると考えることもできます。このような気持ちは試行錯誤する中での粘り強い気持ちや丁寧に関わろうとする態度につながっていくのではないでしょうか。子どもの情緒的な側面も試行錯誤に大いに影響していることを学びました。

では、なぜ、保育者はヨシアキの集中が切れたように見えたのかについて改めて考えてみることにします。それは、ヨシアキの「何だかワニが立たないんだ」という言葉から、なかなかワニが立たないことに対してあきらめずに取り組んでいる姿を受けて、保育者は自分の力で作り上げてほしいという願いを徐々に強くしていきました。トウマが関わることで偶然ワニが立った時、ヨシアキの「トウマ君が好きなのかな…」と言った言葉が印象的だったことを思い出します。それまでヨシアキは、ペーパー芯の長

さや位置に気付くなど、論理的に試行錯誤していましたが、この言葉からは情緒的に原因を導いていると考えられます。このような考え方の変化に気付けなかったために、集中力が切れた姿と見えたのかもしれません。

　保育者は、試行錯誤する子どもに願いをもち、援助を行います。そして子どもの姿や会話を通して、願いを強くもったりゆるくしたりしながら、援助を選択していきます。しかし、子どもは大人ほど効率的な方法をとるとは限らないことをこの事例から学びました。直線的ではなく紆余曲折することが、子どもにとっても保育者にとってもさまざまな学びにつながっていくのではないでしょうか。

エピソード 6 サンタごっこ

2章 遊びの中で試行錯誤する子どもたち

● 「工夫する」事例 （5歳児・11月）

子どもの内面の変化

❶友達がしている遊びに関心をもち、仲間に入ろうとする（欲求・目的）
❷遊びに必要なものを考え、材料を保育者に要求して作る（対象との関わり）

❸自分なりに作り方を考え、角を作る（対象との関わり）
❹友達のやり方に気付き、取り入れる（気付き・学び）

【トナカイの角を作る】

　マユミとリクトがサンタの帽子を作り、"寝たらサンタがきます"と書いた手紙を友達に配っている。❶2人の遊びに興味をもったカナコとナナオは、自分たちがトナカイになって仲間に加わることを提案する。マユミとリクトは「いいね！」と喜んで2人を仲間に入れることにした。❷トナカイの役になるために角が必要だと考えたカナコとナナオは、保育者に「茶色の紙ちょうだい」と要求してきたので、色画用紙を3色提示すると、2人とも同じ色を選び、作り始めた。ナナオは筒状に巻いた大小の棒を貼り合わせて角を作っており、❸カナコは平面に形を描いて切っていた。保育者がカナコに「ナナオちゃんは、ああやって作っているね」とナナオの作り方に気付けるようにすると、❹カナコはナナオが作っている様子をじっと見て、自分も紙を巻いて筒を作る。さらにそれを自分が切った角の裏にセロハンテープで貼り、お面ベルトに付けていた。

　カナコとナナオは友達がサンタごっこを始めたことに魅力を感じて、遊びの仲間となりました。サンタに必要なのはトナカイだという

発想のもと、トナカイ役になるために角を作り始めます。楽しそうに遊んでいる友達の姿に影響を受け、カナコとナナオに目的が生まれました。

　2人とも製作を好み、日頃から遊びに必要なものを考えたり、工夫して作ったりすることができる子どもです。そのため、保育者に材料をもらうと、それぞれが自分なりに考えた方法で、黙々とトナカイの角を作っていきました。隣に並んで作っていましたが、お互いに作り方が違うことに気付いていなかったようです。保育者が作り方の違いに気付かせると、カナコは筒状に作るやり方に気付き、そのやり方を取り入れて対象との関わりを変えました。ここに、カナコの学びが読み取れます。

子どもの学び

　角を作る中で、カナコは保育者の声かけによって、ナナオが自分とは違う作り方をしていることに気付き、そのやり方をそのまま真似するのではなく、自分が作っていた角にナナオのやり方を取り入れています。筒状の棒を裏から貼ることによって強度が増し、立体的な角を作ることができました。同じ目的に向かっている友達のやり方を取り入れたカナコの学びを考えてみると、平面に切った紙と筒状に丸めた紙という作り方の違いに気付いたことは、対象についての学びです。また、筒状の紙を作って平面の紙に貼るという行為は、対象との関わり方についての学びです。角の作り方の違いに気付けるようにしたのは保育者ですが、カナコはナナオのやり方をそのまま真似するのではなく、筒状の紙を使うというやり方を自分の製作に取り入れています。自分なりにトナカイの角に合う色の画用紙を選び、イメージする形を描いて作っていた角を生かす形で友達のやり方を取り入れるというのは、対象と関わる自分自身についての学びだと言えます。

環境の構成と保育者の援助

　カナコとナナオは "トナカイ役としてサンタごっこに加わるために角を作る" という同じ目的をもち、保育者が提示した色画用紙の中から同じ色を選んで作り始めましたが、その作り方はそれぞれ違うやり方でした。保

育者はそれぞれのやり方を見て、筒状に紙を巻いて立体的な角を作っているナナオのやり方の方が本物らしく、また壊れにくそうだと思い、カナコがナナオの作り方に気付けるよう声をかけました。しかし、保育者はナナオの作り方の方が良いとは言わず、作り方の違いに気付けるような言葉だけにとどめました。カナコも自分なりに角を作っていたからです。ナナオの作り方を見たカナコは、おそらくナナオの角の方が良さそうだと思ったのではないかと思います。しかし、自分の角を作り直すのではなく、自分が作っている角を使いつつ、友達のやり方を取り入れたことは、保育者の予想を超えた試行錯誤でした。

子どもの内面の変化

❺友達と一緒にソリを作ろうとする（欲求・目的）

❻自分なりに縄のつけ方を考え提案する（対象との関わり）

❼友達の意見を聞いて自分の考えを改め、別の方法を提案する（気付き・学び）

【ソリに手綱をつける】

　❺カナコ、ナナオ、マユミ、リクトの4人は、サンタが乗るソリを作ろうと、段ボールに茶色の画用紙を貼り、手綱を付けようとしていた。段ボールは、ソリの材料として要求された時に、厚くて丈夫な材質のもので、もしかしたら台車に乗せるかもしれないという予想のもと、ちょうどよい大きさのものを保育者が提示した。手綱は、紙製の赤い丸紐、ナイロン製のロープ、赤い縄の3種類を提示すると、全員が「これでしょ」と、当然だという口ぶりで赤い縄を選んだ。❻ナナオは、縄を箱の内側にガムテープで貼り、その上から紙を貼ろうと提案する。保育者が「あぁ、見えないようにね」と受け止めると、カナコは首をかしげる。保育者は実際に縄を貼ろうとしている部分を指しながら「こっちに貼って、茶色の紙で隠すんだって」とナナオの考えを言い直すと、カナコはさらに首をかしげ、賛成ではない様子である。保育者がカナコに「違う？」と聞くと、カナコは「はがれやすいと思う」と言う。ナナオは製作コーナーに向かっていたので、保育者がナナオを呼び、マユミとリクトも近くに呼び寄せ、もう一度ナナオの考えとカナコの考えを伝える。マユミが「セロハンテープでとめたら？」と言うとカナコは「なんで〜？」と明らかに不満そうに言う。保育者が「う〜ん、セロハンテープはすぐはがれちゃうかなぁ」と言うと、マユミもその通りだと気付いたのか、苦笑いする。❼ナナオが「じゃあ結ぶ？」と言うと、カナコ

はすかさず「うん、その方がいいと思う。テープだとはがれるから」と言う。ナナオは、縄を貼ろうとしていた辺りを指して「ここに穴開けて？」と言う。保育者は「あぁ、なるほど。何で穴開けるかな？ あれかな、段ボール切るやつ」と言うとカナコが「うん」とうなずく。保育者が段ボールカッターを持ってきて手渡すと、カナコは「よしきた！」と言って受け取り穴を開ける。カナコが縄を通すとマユミが結ぶ。カナコは、もう1か所の穴の位置をマユミとリクトに確認してから開ける（ナナオは製作コーナーにいる）。カナコが縄を通して結ぶと、リクトがしっかりと結び直す。

　カナコはさらに穴を2つ開け、もう1つの縄を結ぶ。マユミとリクトはサンタの帽子をかぶり、カナコとナナオはトナカイの角をかぶり、ソリの近くに集まる。ナナオは楽器コーナーから鈴を2つ持ってきてPEテープを鈴に通して首にかけることを思いつき、2人分作って1つをカナコに渡す。

　ナナオは段ボールのソリに縄をつけようとした際、縄をガムテープで貼り、その部分を紙で覆って隠すという方法を思い付きました。マユミはセロハンテープで貼ることを思い付きました。しかし2人とも「テープで貼るという方法は、はがれやすい」というカナコの意見を聞き、その通りだと納得し、ナナオは新たに「結ぶ」という方法を思い付いています。自分が考えていた対象との関わりを変更し、友達の影響により気付きを得て、新たな対象との関わりを思い付いたと言えます。

子どもの学び

　友達と一緒にソリを作ろうとする中で、手綱のつけ方を変えたナナオの学びを考えてみます。初めにナナオが考えた方法は、手綱の材料として選んだ縄をガムテープで箱の内側に貼り、その上から紙を貼るという方法でした。ナナオなりに、ガムテープを使えば頑丈に取り付けられると考えたのではないでしょうか。しかし、見た目を考えて紙で覆って隠そうとしたのではないかと考えます。ものの性質に関するこれらの考えは、対象についての学びだと言えます。また、その後カナコの意見を聞き、自分の考えた方法がふさわしくないと考え、ガムテープで貼るというやり方から、結ぶというやり方に変更しようとしました。「ガムテープでははがれやすい」という気付きも対象についての学びですが、その気付きから方法を変えるというのは、目的に応じて関わり方を考え直すという対象との関わり方についての学びだと言えます。同時に、友達の意見を素直に受け入れ、自分の考えを改めるという行為は、対象と関わる自分自身についての学びであるとも言えます。

環境の構成と保育者の援助

　ソリにつける手綱を選ぶ段階では4人の意見が一致し、一番丈夫そうな縄を選びました。その次に縄のつけ方を相談する際、ナナオの考えにカナコが疑問をもった様子に気付いた保育者は、ナナオの考えを言い直してカナコの意見を促しています。それぞれの考えを受け止め、整理し、一緒に遊んでいる仲間で共有できるように保育者が仲介することで、幼児が気付きや学びを得ることにつながりました。

　しかし、段ボールで穴を開ける方法については、保育者はすぐに段ボールカッターを提示しましたが、幼児からの要求があってから出したり、一緒に適当な用具や方法を考えたりする機会があれば、さらに試行錯誤する経験ができたかもしれません。

子どもの内面の変化

❽イメージ通りにソリが動かず、困難な状況に直面する（気付き・学び）
❾スムーズにソリを動かしたいという新たな目的をもつ（欲求・目的）
❿目的を達成するための手段を考える（対象との関わり）
⓫イメージ通りの遊び方ができ、満足感を共有する（気付き・学び）

【スムーズにソリを動かしたい】

　❽子ども1人がソリに乗った状態でトナカイ役の2人が縄を引っ張るとソリは動くが、部屋を出ようとするところで進めなくなる。❾もっとスムーズにソリを動かしたいと考え、❿ナナオが「下にスキーみたいなのがないと…」と言うので、保育者は「スキーはないかなぁ」と言うと、カナコが「タイヤとかね」と言う。保育者が「タイヤならあるよ」と言って台車を出すとカナコは「やった！」と喜ぶ。「ガムテープで貼ろう、ガムテープで丸くして（輪にして）貼ろう」と言って、カナコとナナオがガムテープを輪にし、何個も貼ってからソリの段ボールを乗せる。⓫マユミとリクトの2人が乗っても楽に進めるようになり、トナカイ役の2人が引っ張ってうれしそうに部屋を出ていく。

　茶色の紙を貼った段ボールに縄を結び、イメージしていた形のソリができたはずでしたが、実際に乗ってみると、サンタ役の子どもが乗ったソリを引っ張ることはとても困難であることに気が付きます。そこで、「スムーズにソリを動かしたい」という新たな目的が生まれました。

子どもの学び

　どうしたらソリが動かしやすいかを考え、動かしやすくなるものを加えようと考えることは、対象についての学びや対象との関わり方についての学びです。ソリの下の部分には何かスキーのようなものが付いているのではないか、というナナオのイメージや、動く乗り物にはタイヤが付いている、というカナコの発想は、仕組みや性質を理解したうえでの提案かどうかは分かりません。「動く乗り物」というイメージから思いついていることも考えられます。感覚的なのか論理的なのかは定かではありませんが、何か解決策を考えようとすることは、対象との関わり方を学んでいると言えます。

　また、友達と一緒に考えを出し合い、目的に向かって妥協したりあきらめたりせずに取り組むことは、対象と関わる自分自身についての学びであると考えます。

環境の構成と
保育者の援助

　4人がソリを作りたいと言って段ボールを要求してきた時に、保育者は
サンタ役の子が中に入って動かすのだろうと思い、できるだけ丈夫で壊れ
にくいものを選んで提示しました。初めからソリの色や模様等が話題に出
ていたので、装飾をしたソリがすぐに壊れてしまったり、サイズが合わな
いとなったりした場合、再度作り直すとなるとモチベーションが下がって
しまうのではないかと考えたためです。また、段ボールを引っ張って動か
すのは困難でしょうから、動かすためにどう試行錯誤するかを見守ろうと
考えていました。しかし、台車や大型ブロックのタイヤをつけるという発
想は、そのものを使った経験も、見たこともなかったので、子どもからは
出てこないかもしれないと思い、考えに行きづまったら提示しようと考え
ていました。そのため、あらかじめ台車にちょうど乗せられるサイズの段
ボールを提示しました。子ども同士で引っ張って動かすという遊び方をす
るなら、ある程度安全性を保証しなくてはなりません。台車とその上に乗
せる段ボールのサイズが適当でないと、危険が生じる可能性が高くなりま
す。そのため丈夫な材質と適当なサイズは子どもに選ばせるのではなく、
保育者側で選んで提示しました。
　この事例は、保育者がある程度適切な材料や用具を提示したことに加
え、友達と相談してより良い方法を選ぶということをしているため、困難
を感じても行きづまったり失敗したりすることなく「サンタが乗ったソリ
をトナカイが引いて動かしたい」という共通の目的達成につながっていま
す。その分、「うまくいかなくてもあきらめずに粘り強く取り組む」「目的
達成に向けてさまざまな方法を試す」といった姿は見られていません。
　仮に、ソリに縄をつけるという状況において、ナナオやマユミ1人で
取り組んでいたとしたら、縄をつけてもすぐにはずれてしまい、困難さを
感じてさまざまな方法を考えようと取り組んでいたかもしれません。しか
し、同時に、1人で悶々と考えていたのでは、もしかしたら目的達成につ
ながらなかったかもしれない、とも思います。
　友達や保育者の発想や助言を素直に受け入れ、自分の考えと照らし合わ
せ、より良い方法を選ぶことで、試行錯誤を繰り返すことなく目的を達成
することもあるかもしれません。しかし、目的が達成されることで、その

2章

遊びの中で試行錯誤する子どもたち

後の遊びが続いたり、手応えや満足感を次への意欲につなげたりしていけることも多いのではないかと思います。子どもの試行錯誤を考える際、「困難を感じてもあきらめずに挑戦する」という姿につなげることが大切なのではなく、目的達成に向かうプロセスの中にあるさまざまな学びや学び方すべてが大切なのだということを改めて考えさせられました。

エピソード7 倒れないロボットを作ってみよう

● 「挑戦する」事例（5歳児・10月）

　10月に、『ロボットカミイ』という物語の読み聞かせを行いました。この物語は、タケシとヨウコという2人の子どもが空き箱を使ってロボットを作ると、そのロボットが動き出し、幼稚園の中でさまざまな問題を起こしながら、周囲の子どもたちを一喜一憂させていく話です。カミイは自分のことを鋼鉄製のロボットだと思い込み、一見わがままのようにも取れる行動をし、それを周囲の子どもに指摘されると目から大粒の涙を流します。その涙は、タケシとヨウコがカミイを作る時に箱の中に入れた「涙のもと」であるビー玉のように大粒なのです。1日に少しずつ、10日ほどに分けて読み聞かせると、子どもたちは「今日はどうなるの？」と毎日楽しみにしていました。

　ここでは、その読み聞かせが終わった後、学級の子どもたち全員でロボットを作った様子をビデオで撮影し振り返った事例を取り上げ、そこでの子どもの姿から、子どもの試行錯誤について検討してみることにします。

『ロボットカミイ』
古田足日　作
堀内誠一　絵
福音館書店（1970）

**子どもの
内面の変化**

❶空き箱を使った
ロボット作りに対
する興味をもつ
（欲求・目的）

❷空き箱を使った
ロボットを作ろう
という目的が生ま
れる（欲求・目
的）

【倒れないロボットを作ってみよう】

　物語を読み終えた次の日、学級で集まった際に、保育者は子ど
もたちに自作のロボットの作りかけを見せた。空き箱をいくつか
貼り合わせてあるが、脚は付いていない。保育者は、作中でカミ
イが歌うように「♪僕はロボット、鋼鉄製の…」などと口ずさみ
ながらそのロボットを動かした。❶子どもたちは「鋼鉄製じゃな
いよ」「本当は紙でできているんだよ」「脚がまだ付いてない」等
と口々に話しながら、保育者の作ったロボットを見ている。保育
者は、「ちょっと先生もカミイみたいなロボットを作ろうと思っ
たんだけどさ、何だか難しそうなんだよね」と言いながら、いつ
くかの大きさの異なる空き箱を取り出す。その空き箱をロボット
の胴体の下に貼り付け始めるが、箱の大きさが異なるためバラン
スがとれず、ロボットは倒れてしまう。何度か箱を付け替えて見
せながら、「何でかな」「おかしいな」などと言いながら、どうす
れば倒れなくなるか考える姿を子どもたちに見せる。❷その頃に
は子どもたちは「そっちの箱じゃないよ」とか「同じ箱を使わな
いとだめだ」などと言いながら、すでに自分たちも作りたい気持
ちが高まってきて興奮している。保育者は「みんなだったらどん
なロボット作りたい？」と尋ね、各家庭から集めた大量の空き箱
やトイレットペーパーの芯等を提示した。さらに「先生のロボッ
トは倒れちゃうから、みんなは手を離しても倒れないロボットを
作ってみてね」と言葉を添えた。

　空き箱を使った製作活動に取り組むにあたり、子どもたちが数日に
わたり楽しんできた物語にちなんだロボット作りという題材を用いた
ことで、まず子どもたちの興味は湧き上がります。また、保育者の投
げかけにより、ただ空き箱でロボットを作ればよいのではなく手を離
しても倒れないロボットを作りたいという目的が生まれたことが分か
ります。

子どもの学び

　この活動は保育者の投げかけた活動なので、正確には動機付けは外発的であると言えそうです。でも、保育者の投げかける一斉的な活動の中にも、少しでも幼児が自分から「やってみたい」「早くやらせて」と思えるような一捻りを入れたいなといつも思います。「今日はみんなでロボットを作るよ。倒れないように考えてね」と示すだけではなく、子どもが慣れ親しんだ物語や、興味のある出来事に関連するような導入や、思わずわくわくしてしまうような導入をしたいなと思います。今回は、繰り返し読み聞かせてきた「ロボットカミイ」のイメージを活動の導入に取り入れることで、子どもにとって「やらされている」活動ではなく、「やりたい」活動になればいいと考えていました。子どもが、見ているだけでいつの間にかまた物語の世界に入り込んで、その物語を聞いているうちに、その日その時にやりたいことが生まれ、取り組み方も伝わるような、そんな導入がしたいといつも思います。

　そういう導入の工夫をすることで、幼児は「やってみたい」という意欲が湧き上がってくるのだと思います。まず対象に興味をもち、湧き上がってくる意欲は、対象と関わる自分自身についての学びということができます。

環境の構成と保育者の援助

　製作活動のきっかけとして、子どもたちが慣れ親しんだ『ロボットカミイ』を題材にすることで、どの子どもも自分から作ってみたいと思えるように配慮しました。それもストーリー性をもたせるような導入の工夫をすることで、幼児の関心や意欲が高まるように配慮しました。

　ロボット作りを保育者が実演して見せる際に、わざと長さが異なる箱を脚としてつけて失敗する姿を見せることで、「倒れないようなロボットを作る」ということを意識できるようにし、個々の幼児が目的をもちやすいように配慮しました。

【自分の好きな箱を選んで作ってみる】

　たくさんの箱の中から、チサトはロボットの顔になりそうな箱、胴体になりそうな箱、脚になりそうなトイレットペーパーの芯2本を選んできた。頭になりそうな箱には、模様の付いていない白い箱を選んでいた。

　チサトはまず、胴体になる箱の上に頭になる箱を付けた。頭の箱は胴体の箱に比べて前後に大きく、バランスが取りにくいのだがチサトは気にせずに胴体の下にロール芯を付け、脚を作った。❸<u>チサトはロボットを立たせようと、手を離して確かめようとする。ところが、頭が大きいためバランスが悪く、なかなか自立しない。</u>

子どもの内面の変化

❸自分なりの目的が達成されたかどうか確かめようとする（対象との関わり）

　作り始めたロボットが、手を離しても立つかどうか確かめようとしているということは、チサトがこの時点で「手を離しても倒れないロボットを作る」という目的を覚えているということが分かります。目的がはっきりしていることで、対象との関わり方が、より意図的になっているのだと分かります。

子どもの学び

　チサトが手にした箱は胴体が薄く、頭が大きく、バランスが取りにくいものでした。どんどん組み立てたチサトでしたが、脚を付けた後にすぐさまバランスを確かめようとする姿からは、「倒れないようなロボットを作る」という目的がはっきりと自覚されているということが分かります。自分のつけた箱が立つかどうか確かめるという行為は、対象との関わり方についての学びをしていると言えるでしょう。

環境の構成と保育者の援助

　ロボット作りに使う空き箱は、数日をかけて家庭から不要な空き箱やジュースのパック、ロール芯などを収集しました。さまざまなバリエーショ

ンがあることで、箱同士の組み合わせ方が多様になり、「違う箱でも同じ様なものを探す」動きや「まったく同じ2つの箱を探す」動きなどが生まれていました。目的に合わせて自分で選べるような多様な素材が用意されていることが、子どもたちの試行錯誤を支えたのではないかと考えられます。

> **【別の方法を試してみる】**
> 　バランスが悪く倒れてしまったロボットを見て、チサトはジュースのパックを探し出し、幅5センチ程の輪切りにする。その❹輪切りを加工して三角にしたものをロール芯の脚にはめ、足を作って立たせようとする。その間、何度もロール芯と胴体をセロハンテープで補強している。❺二つの三角の足をロール芯の脚にはめて込んで立たせようとするが、頭が重いことに加え、ロール芯の脚と三角の足が固定されていないため、すぐに倒れてしまう。
> 　チサトは何度も繰り返しロボットを立たせようと試みるが、自立しないため、❻またロール芯と胴体を念入りに貼り付けることを繰り返す。

子どもの内面の変化

❹目的が達成されず失敗したという結果を受けて、原因を考えて別の方法をやってみようとする（気付き・学び）
❺別の方法を試みたアイデアはよかったが、ポイントに気付いていない（対象との関わり）
❻目的が達成されない原因を考えるが、ポイントがずれており、直接的な解決方法につながらない方法で乗り越えようとする（対象との関わり）

　チサトは直感的にロール芯を選びましたが、頭部が重いことが原因でバランスが取れず、倒れてしまいます。チサトにとって（他の子どもにとっても）は「倒れないロボットを作る」ことが目的なので、目的が達成されなかったことになります。結果を受け止め、自分の目的が達成されたかどうか確認する姿からは、得られた気付きや学びを、本来の目的に照らし合わせて捉えていることが読み取れます。

子どもの学び

　チサトは、バランスが悪く立たなかったロボットを見て、なぜ立たないのか考えたのでしょう。チサトの様子から、この時にチサトが考えた「ロボットが立たない理由」を考察すると、「ロボット全体のバランスが悪く

て倒れる」と「ロール芯がしっかりと胴体に固定
されていないから倒れる」の２つであったようで
す。

　チサトはまず、バランスの悪さを克服しようと、
安定した脚を作ろうとします。ジュースの紙パッ
クを輪切りにしたものを加工し、それをロール芯
の脚にはめ込むことで底面積を増やして安定させ
ようとしたのです。

　加えて、ロール芯を丹念に胴体に貼り付けるこ
とで、脚自体を強固なものにすることがロボットが立つための方法である
と考えていることが分かります。実際には「頭が重すぎて不安定」という
ことが倒れる原因であるため、これ以上ロール芯を固定しても効果は薄い
のですが、１つの事柄について、多面的に捉えて対処しようとしていること
が分かります。このように、目的が達成されないと分かって、自分なり
に取り組みの方法を変えたり考えたりする姿は対象との関わり方の学びだ
と言えます。

　しかし、下線部❺で分かるように、その三角の脚が、ロール芯に固定さ
れていないため、ロボット自体の安定の役に立っていません。チサトは、
脚が固定されていないこととロボットが不安定なこととが結びついており
ず、倒れる原因はロール芯が胴体にしっかりと固定されていないことだと
考え、ロール芯の補強をしています。下線部❻に見られるように「念入り
に」貼ろうとする姿からは、対象と関わる自分自身についての学びと言え
るでしょう。

環境の構成と保育者の援助

　特定の同じ素材を人数分用意して、どの幼児も同じものを一斉に作るの
とは違い、多様な素材を選べるように豊富に用意しておき、目的に合わせ
て選べるようにしたことで、チサトに限らず、個々の幼児の、こうしてみ
たいという思いに対応することができるでしょう。一方で、この場に、空
き箱以外にもありとあらゆる素材を自由に選べるようにしておくかという
と、そうではないと考えます。

　例えば綿や、ゴム、モールや紐など、素材を挙げればキリがありませ

ん。そういった素材を用意しておけば、綿で髪の毛のようなものを作ろうとする子どもが出てくるかもしれませんし、ゴムで腕が飛び出す仕掛けを作ろうとする子どもが出てくるかもしれません。もちろんそれでもよしとする場面もあるかもしれませんが、この日この場で保育者が子どもたち全員に経験してほしかったことは、「目的に向かって試したり工夫したりする」ということです。その「倒れないロボットを作る」という目的に向かって取り組みを続けていた子どもが、綿やゴムを見ると、新たな別のアイデアが思い浮かんでしまい、本来経験してほしかった内容にたどり着かないまま終わってしまうことも考えられます。だからこそ、この場では、「倒れないロボットを作る」ための材料は種類も量も豊富に用意しておきましたが、それ以外の材料はあえて用意しておきませんでした。

　もちろん、子どもたちのアイデアは豊かにふくらみ、「あんなこともしてみたい」「こうしたらもっと面白くなる」と言い始めるかもしれません。そうした時は個別に対応しながら、個々の興味に合わせた道具や素材を子どもと一緒に吟味しながら、その子どもだけのロボットができるように援助したいと思います。

子どもの内面の変化

❼友達の様子に気付く（気付き・学び）

❽友達の姿に刺激を受けて自分も取り入れようとする（対象との関わり）

【友達の姿に刺激を受ける】
　製作を開始して20分以上経った。チサトはこれまでいつくかの方法を試みるが倒れないロボットはなかなか完成しない。と、向かい側で作っていたリンタロウが「できたー」と言いながらチサトの前を通り過ぎた。❼チサトはそのロボットの脚を見つめる。リンタロウのロボットの脚は2本とも同じ大きさの四角い箱で作られている。

　チサトはその直後、自分が何度も繰り返し貼り付けてきたロール芯の脚を胴体からもぎ取り始める。

　脚を取り外した後、❽チサトは同じような大きさの2つの箱を探し出し、胴体の下に付け始める。しかし持ってきた2つの

❾自分のしている方法がうまくいかない時に原因を考える（対象との関わり）

箱の大きさが微妙に違うことと、頭が重いことが重なり、またもロボットは自立しない。チサトは❾「こんなにしっかり付けてるのに何で倒れるんだろう」とつぶやく。その後もチサトはバランスを確かめながらロボット作り続けた。

自分なりの取り組みを続けながらも、そばにいる友達の様子に気付き、そこから情報を取り入れ、自分に生かそうとする姿はこの時期の子どもならではの姿であると言えるでしょう。また、目で見た情報を無条件に真似しようとしたり面白そうだからという理由だけで流されたりするのとは異なり、あくまでも目的の達成のために取り入れようとしている姿は、「挑戦する」という様相の特徴をよく表していると思います。

子どもの学び

チサトはここまで、自分の考えた方法でロボットを作ってみて、うまくいかない場面に出会っても、自分のこれまでの経験を生かした方法でそれを乗り越えようとしてきましたし、失敗してもあきらめずに続けようとする姿がありました。その頑張りは大いに認めたいと思います。そして、それでもうまくいかないことが続いていた矢先に、できあがった友達の姿に気付きました。この時に、チサトに友達の姿から情報を得ようとする思いが
なければ状態は変わらなかったでしょう。チサトが友達の姿に気付き、友達の持っているロボットに気付いたことが、対象との関わり方の大きな学びの１つと言えるでしょう。

チサトは友達の持っているロボットの脚に目を向けると、自分のロボットの脚をもぎ取り始めます。チサトは友達のロボットの脚が四角い箱だったことを受けて、「ロール芯がいけないんだ」「ロール芯だから私のロボットは倒れてしまうんだ」と考えたのでしょう。

その後チサトが四角い箱を取りに行ったことからも、友達の姿に刺激を受けそれを自分に取り入れようとしたことが分かります。うまくいかない

ことにぶつかった時や、自分の考えが思い通りに行かない時に、かんしゃくを起こしたり、あきらめたり、自分のやり方を曲げられずにいたりする子どももいます。うまくいかない時に、別のやり方を選んだり、友達の姿からヒントを得たり、友達に助けを求めたりできるようなしなやかな心があると、本人の学びの機会も増えてくるのだと感じます。

環境の構成と 保育者の援助

この時、私は他の子どもの援助をしていて、チサトが自分のロボットの脚を取って別の脚に付け替えたことを知りませんでした。それは大きな反省点で、チサトがせっかく考えたアイデアを成功させるために、ジュースのパックで作った脚をペーパー芯の脚に固定するというヒントをどこかで与えられればよかったと感じています。

同時に多数の子どもたちが活動する際に、すべての幼児の姿を見続けることは難しいことです。それでも、チサトのように、うまくいかない方法を自分で考え、それに対する解決策を考え、試したり工夫したりしながらもあと一歩のところで成功にたどり着きそうな子どもには、そのあと一歩のための援助をしたかったと反省しています。

エピソード 8 線路をつなげよう

● 「試す」「工夫する」「挑戦する」事例 （5歳児・11月）

事例の背景

リョウヘイ、タケル、ルカ、ユウスケはボール紙を使って立体の電車を作って遊ぶことが気に入っているメンバーです。この遊びは1学期の中頃から続いていて、登園するとすぐに製作コーナーで車両を作り始めます。そして自分の納得する車両ができると積み木で線路を作って走らせるという遊び方が続いていました。このメンバーが作る電車の車両は、車体の色や模様、電光掲示の文字など細部にまでこだわって作られています。日によってJR中央線、西武線など自分で作りたい電車を決めると、時間をかけて作ったり、互いに見合ったりして満足感を得ている様子が見られました。その一方

で彼らにとって線路はこだわりの対象ではなく、積み木や椅子を無造作につなげて遊んでいるように見えました。このことから保育者は「本物らしい電車を作ること」がこの子たちの一番の楽しさであると読み取っていました。

【線路を作ろう】

　この日は、他の幼児が積み木を多く使って遊んでいた。リョウヘイたちが電車を完成させ、いつものように線路を作ろうとした時には、ほとんど積み木が残っていなかった。リョウヘイ、タケル、ルカ、ユウスケの4人は困ったような表情で「先生積み木が足りない」と言いにきた。そこで保育者が牛乳パックをつなげて線路を作ることを提案した。❶保育者の提案を受けて4人は牛乳パックをガムテープでつないで線路を作り始める。この日は4人ともJR中央線を作っていた。線路は高架というイメージがあったようで、❷タケルが「中央線は高いんだよ（高架なんだという意味）」とつぶやく。そこで、保育者も「そうか、高くしたいんだね。どうすればいいかな？」と牛乳パックを持ち上げたり下げたりする。すると、ルカが写真1のような形を思い付き、足付きの線路を作ることになった。

写真1

子どもの内面の変化
❶電車の線路が必要という欲求と「牛乳パックを使って作ろう」という目的が生まれる（欲求・目的）
❷線路を作り始めるが、自分のイメージと違うことに気付く（気付き・学び）

　毎日積み木を使って線路を作って遊んでいた子どもたちにとって、積み木が足りない状況は、困った状況であったと言えます。線路を作りたいという欲求を満たすために、下線部❶のように、保育者からの提案を受け、牛乳パックで線路を作るという目的が生まれました。子どもたちには、JR中央線の線路は高架という共通の認識をもっていたようです。下線部❷にあるように、タケルが、牛乳パックをつなげたものでは、イメージと違うということに気付きました。すると他の子どもも「そうだ。そうだ」と共感の気持ちを寄せていました。そこで、保育者も一緒に考え、写真1のような線路を作るということになったのです。「線路を作りたい」という目的が、「高架の線路を作ろう」というように、子どもたちの中でより具体的になったことが分かります。こうして、4人なりに納得のいく目的が決まっていきました。

子どもの学び

　この場面での子どもの学びを考えてみます。いつもは線路作りに使っていた積み木が使えないという出来事はルカたちにとって偶然の出来事でした。相談に来たルカたちに、保育者が牛乳パックを使った線路を提案した時には、4人とも保育者がガムテープで牛乳パックをつなぐところをよく見ていて、牛乳パックやガムテープという対象や対象との関わり方を見て学んでいると読み取れました。また、実際に自分たちも牛乳パックをガムテープでつなぎ始めると、ガムテープをちぎる、牛乳パック同士を貼り合わせるといった行為を通して感覚的に対象について学んでいました。それと同時に対象との関わり方について学んでいたと言えます。ルカたちは電車に対する強い思いやこだわりがあり、電車が好きなメンバーの集まりで、メンバー同士である程度、電車に関する共通のイメージや認識がありました。そのため、下線部❷のように「JR中央線は高架なのに、このやり方ではイメージと違う」ということが共通の思いになったのだと考えられます。このような共通のこだわりが「解決したい」「もっとこうしたい」という思いにつながっています。これは、現状に満足するかどうかという満足感の表れであると捉えられ、対象と関わる自分自身についての学びと言えます。

環境の構成と保育者の援助

　この遊びは1学期から続いていて、遊びを繰り返すうちにおおよそ同じような流れで遊ぶようになっていきました。まず本物らしい車体を作る、次に積み木や椅子などを使って線路を作る、発車メロディやアナウンスを再現しながら走らせるという流れです。車体を本物らしく作ることが一番の楽しみで、細部までこだわって作る一方で、線路は積み木や椅子を並べるだけでこだわりはほとんど見られませんでした。保育者は、この遊びで子どもが楽しんでいることは線路作りではないということは分かっていました。しかし、同じ遊び方を繰り返している様子を見ていて、線路を作ることはこの遊びがもっと面白くなるきっかけになるのではないかと考えていました。そのため、積み木が足りないという状況が起きたこの日は、遊びの状況が変わるチャンスなのではないかと思いました。「積み木

が足りない」と保育者に言いに来た時、子どもたちが保育者に期待していたのは、積み木や椅子ぐらい手軽に操作して線路が作れるものの提案であったと推察できます。保育者が「牛乳パックで作るのはどう？」と言葉にした時、これまで使っていた積み木や椅子などに比べてサイズの小さいものを提案されて、期待外れな表情が読み取れました。「代わりの積み木がないなら、線路を作らずに走らせてもいいや」という雰囲気もありました。保育者は、あきらめずに、「こうやってー、ガムテープを使って…」と実際に手を動かしながら牛乳パックでの線路作りを提案し続けることにしました。保育者が実際に手を動かすと、4人は保育者の手元をじっと見て、だんだん「なるほど、これで線路が作れそうだ」と感じてきたようで、リョウヘイが「いいね！それで作ろう」と言うと、他の3人も賛成していました。さっそく作ろうということになって始めると、これまでの線路作りでは、積み木を並べるだけで簡単に済ませていたのに、「JR中央線は高架の線路だから、高くしたい」という電車好きならではとも思えるこだわりがすぐに表れました。そのことには保育者も驚きましたが、この子たちらしい姿と思い、この子たちが納得できる線路の作り方を一緒に考えることにしました。

2章 遊びの中で試行錯誤する子どもたち

【牛乳パックをつなげよう】

　牛乳パックをつなげて線路を作ることにした4人は、さっそく、牛乳パック同士をガムテープを使って貼り付け始める。写真1のように貼り合わせたものを立たせると、❸<u>グラグラして安定しなかったり、パック同士に隙間ができてしまったりしている。そのこと</u>に気付いたルカが「これじゃダメ」と言う。牛乳パックを再び倒して貼り直そうとするが、タケルが「ダメだ」とつぶやく。ガムテープは両手で端と端を持たないと貼れないが、牛乳パックから手を放してしまうことで牛乳パック同士に隙間ができてしまうの

写真2

子どもの内面の変化

❸牛乳パックをきっちり貼り合わせないと安定しないことに感覚的に気付く（気付き・学び）

111

❹牛乳パック同士
の貼り合わせ方の
コツに感覚的に気
付く（気付き・学
び）

である。❹ルカがその言葉に応じて牛乳パック同士を押さえる。
タケルが「ぎゅっと」と言うと、ルカも力を込めていた。ルカが
押さえている間にタケルがガムテープを貼ると先ほどよりも安定
したパーツができあがる。こうして、2人は自然と協力して牛乳
パックを貼り合わせるようになった。

　しばらくして、牛乳パックを使い切ってしまったため、翌日以
降に牛乳パックを持ってきて続きをしようということになる。帰
りの集まりの時に、自分たちで「牛乳パックが家にある人は持っ
てきてください」と呼びかけていた。

　実際に作業を始めると、子どもたちが思っていた以上に牛乳パック
同士を貼り合わせることが難しい作業でした。下線部❸にあるように
牛乳パック同士を接着する際、ただつなげるだけでは真っ直ぐ立つ線
路にならないということに直感的に気付いている姿が読み取れます。
また、しっかりと付けた方がよいということには気付きがありました
が、実際にどうしたらしっかりと貼り付けることができるのか、とい
うことに方策があるわけではなく、下線部❹にあるように、タケルと
ルカが手探りで関わりながら、コツのようなものを得ていることが読
み取れます。互いに相手の動きや言葉を意識したり、相手の言ってい
ることを受けたりして動こうとするなど協力する姿も見られました。

子どもの学び

　この場面では、実際に牛乳パックやガムテープを操作しながら関わるこ
とで「牛乳パック同士は押さえていないとうまくつかない」ということや
ガムテープの長さや貼り方などを感覚的に学んでいることが分かります。
これは、牛乳パック、ガムテープといった素材そのものへの学びでもあ
り、対象との関わり方についての学びと捉えられるでしょう。また、「グ
ラグラしていては電車を走らせることができない」という思いから「これ
じゃダメだ」と発言したり、うまくいかないと感じる時に「ダメだ」とつ
ぶやいたりする姿は、自分自身の満足度を表しており、対象と関わる自分
自身についての学びと捉えることができると考えます。また、ルカがタケ
ルのつぶやきを受けて動き出し、自然と2人で協力するようになった後、

２人は２個目、３個目と２人で役割を分担して作ることを続けており、これは、「この方法ならうまくいく」という気持ちの表れであり、満足感や達成感と読み取ることができると思います。

環境の構成と保育者の援助

　この場面では、子どもたちの予想以上に牛乳パック同士を貼り合わせるのが容易でなく、苦労する姿が見られました。これは、保育者の予想以上でもありました。高架線路にする前は、牛乳パックの広い面が床やテーブルに接地するため、多少貼り方がずれたとしても大した問題ではありませんでした。しかし、高架にしたことで、牛乳パックと床の接地面が減り、少しのズレでも安定しなくなってしまったのです。保育者はその場で、牛乳パックの開口部分を切りそろえました。これにより牛乳パックが比較的安定して立つようになったり、貼り合わせる際に真っ直ぐ貼りやすくなったりしました。また、牛乳パックの貼り合わせ具合を、ルカやタケルが自分たちで、「これじゃダメだ」や「ダメだ」という言葉で対象を評価し、自分たちのやりたいことに合っているかを考えている姿勢に感心しました。そこで、「そうだね、グラグラだね」や「あー、真っ直ぐにしないと電車が走りにくいってことだね？」などルカたちのうまくいかない気持ちを受け止めながら励ましていました。また、ルカとタケルが２人で作業し始めた時には、「２人でやるといいね。押さえていると貼りやすいものね」とやっていることを認めるような声かけをしました。一方で、この場面には登場していませんが「一緒に線路を作ろう」という目的で作業を始めたユウスケとリョウヘイはまだガムテープの扱いに慣れていない様子が見られました。そのため、保育者が２人と一緒に作業するようにしました。保育者が、「ここを押さえていて」と言いながら、手を添えて手伝ったり、ガムテープを一緒にちぎったりする援助を行いました。リョウヘイとユウスケが自分でできたという思いをもち、作ることに参加しているという実感や喜びを得られることを大事にしたかったからです。

　また保育後に、遊びの様子を振り返り、これはリョウヘイたちの思う線路を完成させるまでには、労力が大きすぎるとも感じ、保育者が牛乳パックを貼り合わせたパーツを作って増やしておきました。

子どもの 内面の変化	【線路をつなげる方法を考えよう】
	クラスの仲間や保護者に呼びかけたこともあり、翌日には多くの牛乳パックが集まった。4人は喜んで、さっそく線路を作り始める。❺<u>写真1のパーツ（以下パーツ）を次々にガムテープでつなげて長くしようとする。</u>どんどん長くなる線路を見て、保育者は長くつなげすぎると片付ける時に取っておきにくいことを伝え

❺線路を長くしたいという欲求・目的が生まれる（欲求・目的）

えた。実際にパーツを並べたり離したりして見せながら「しまう時はこうやってバラバラにしておいて、電車を走らせる時につなげるっていうのはどう？　プラレールみたいに」と提案した。❻<u>4人は「おー」「いいね」と意気投合し、すでにガムテープで接着してしまったパーツ同士をはがした。</u>バラバラになったパーツを並べて線路を作り、電車を走らせてみる。しかし、走らせるとパーツ同士の隙間に電車が引っかかり、パーツ同士の間が開いてしまったり、倒れたりしてしまう。すると、❼<u>リョウヘイが「あ！いいこと思いついた。ペーパー芯でブスってさしたらさ」（ペーパー芯を凸にして反対側に凹となる穴を開けてくっつけたらいいという意味）と言う。</u>隣にいた3人は、リョウヘイの言葉は聞いていたが、言われたことの意味は理解していない様子だったので、保育者が「その考えいいね。やってみたら？」と言う。リョウヘイはさっそくペーパー芯を持ってきて、「こうやってさー」と牛乳パックの端に当てて見せたので、保育者が「こっちに穴を開けるってこと？」と言う。❽<u>3人とも分かった様子でうなずいたり、「いいね」と</u>

❻保育者の提案を受けて、「パーツをつないだり、外したりできる線路にする」という目的が生まれる（欲求・目的）

❼電車を走らせた時のうまくいかない状況に気付いて、解決策を考える（気付き・学び）（対象との関わり）

❽他の幼児の動きを見て、相手のやりたいことに気付き賛成する（気付き・学び）

言ったりしていた。リョウヘイとユウスケがペーパー芯をセロハンテープで貼り付けた。牛乳パックの底面に穴を開けるのは子どもでは難しいと思い、2人が作業している間に保育者が穴を開けた。リョウヘイの思っていた凹（パック底の穴）と凸（ペーパー芯）ができあがった

写真3

114

❾穴に芯を差し込む時のうまくいかない状況に気付いて、解決策を考える（気付き・学び）（対象との関わり）

ので、さっそく穴にペーパー芯を差し込もうとした。しかし、セロハンテープの接着が不十分なので穴との摩擦で取れそうになる。❾それを見てリョウヘイは「そうだ、タコみたいにすればいいんだった」と言って、ペーパー芯を牛乳パックから外し、切り込みを入れて貼ろうとする（写真3）。

前日の帰りの集まりで子どもと保護者に向けて牛乳パックがほしいことを呼びかけたことで、翌日にはリョウヘイたちの思いに応えて牛乳パックを持ってきてくれる子どもが多くいました。「はい、これ。線路作るんでしょ？」と声をかける子どももいたほどです。そのことは、リョウヘイたちの意欲を高め「長く線路をつなげたい」という目的に影響を及ぼしていたと思います。下線部❺のように「長くしよう」と誰かが提案したわけではないけれど、積み木で作っていた線路のイメージもあり、長くしたい思いをもつのは自然なことであったと考えます。下線部❻では、保育者の提案を受けて新たに「パーツをつなぐことができる線路にする」という目的が生まれています。これは、保育者が子どものよく知っている「線路パーツと電車」の玩具の名前を例にしたことの影響が大きかったのでしょう。共通のイメージがすぐに想起できたことや、その魅力が大きいことから、ルカたちは保育者の提案にすぐに賛成したのだろうと推測できます。下線部❼では、リョウヘイが実際にパーツ同士を並べて電車を走らせると、電車をスムーズに走らせることができないという状況に気付いています。リョウヘイはさらに、凸凹の仕組みで解決することを思いつきました。ペーパー芯は3歳児学年の時から製作コーナーに置いてある素材であり、幼稚園で製作をする時に親しんでいる素材の1つです。リョウヘイは身近な素材を使って解決することができるのではないかと考えたのでしょう。話を聞いただけでは理解できなかった他の3人も下線部❽のように実際にリョウヘイがやってみる姿を見ることで、やろうとしていることに気付き、考えを共有していました。これは良い考えに思えた方法でしたが、やってみると、技能面の未熟さらうまくいかない様子が見られました。しかし、下線部❾にあるようにリョウヘイはあきらめずに、解決策を考えています。ここでは、ペ

ーパー芯に切り込みを入れると接着しやすくなるという過去の経験を
思い出し、取り入れようとしていることが読み取れます。

子どもの学び

　ここでは、まずリョウヘイに焦点を当てて学びを考えてみます。パーツ
を並べるだけでは線路が安定せず電車がうまく走れないことに気付いた
り、ペーパー芯の接着がうまくいっていないことに気付いたりする姿は、
対象についての学びと言えます。同時にリョウヘイはパーツをつなぎ合わ
せる手段やペーパー芯がはがれないようにするにはどうしらよいか考えて
対象に関わっています。この姿は対象への関わり方についての学びと言え
るでしょう。失敗を繰り返してもあきらめずにパーツ同士をつなげる目的
に向かって考えたことをやってみようとする姿は対象に関わる自分自身に
ついての学びと捉えられます。また、他の子どもに焦点を当てて考えてみ
ると、リョウヘイがやっていることを見たり、リョウヘイと保育者のやり
とりを見たりすることを通して、対象についての学びや対象との関わり方
を学んでいると言えるでしょう。

環境の構成と保育者の援助

　牛乳パックがたくさん集まったことで、ルカたちの意欲が高まり、線路
を長くしたいという思いが強くなったことが読み取れました。子どもの思
いのまま線路をつなげてくことを見守るという援助の方法もありました
が、ここでは、「パーツを長くつなげずに付けたり、外したりできる線路
にしよう」と提案しました。なぜなら、パーツをつなげたり、外したりで
きる線路にすることで、線路の組み合わせ方にこだわりをもったり、駅を
作るなどのアイデアを加えて作ったりするなど今後の遊び方にさまざまな
可能性が期待できるのではないかと考えたからです。

　パーツをつなげることについて提案する時、保育者は、「ガムテープを
貼ったりはがしたりできるようにつける」「磁石を使う」などの方法を使
ってはどうかと考えていました。しかし、保育者の提案を受けたリョウヘ
イが思いついたのは、凸凹の仕組みでした。リョウヘイの思いを聞いて保
育者はリョウヘイが自分で考えたアイデアで実現することを支えたいと思
いました。保育者が考えていた方法の方がすぐにパーツ同士をつなぐこと

ができそうだとも感じたのですが、自分がやりたい方法で試行錯誤しながら解決していくことが大事だと考え、リョウヘイの思いを尊重したかったのです。また、保育者自身は凸凹の仕組みでパーツをつなぐアイデアは考えていなかったので、面白そうだと感じるとともに、リョウヘイの考えている方法で実現できるのではないかと期待も生まれていました。一方、他の3人にはリョウヘイのひらめきが言葉だけでは伝わっていないことに気が付きました。そこで、「その考えいいね」と認める声かけをし、「やってみたら？」と続けて、リョウヘイが実際にやってみる姿を他の子どもが見ることができるように援助しました。さらに、リョウヘイの思いややろうとしていることが仲間に伝わるように、「こっちに穴を開けるってこと？」など、リョウヘイのやりたいことを代弁するような声かけを続けました。

子どもの内面の変化

❿うまくいくと思っていた方法が、思う通りにならなかったことに気付く（気付き・学び）

⓫友達や保育者が困っていることに気付き、自分なりにペーパー芯を牛乳パックの口に差し込むという解決方法を考える（対象との関わり）

⓬友達の考えた方法では、問題が解決しないことに気付く（気付き・学び）

【なかなかうまくいかない…】
　タコ足にしたペーパー芯はしっかり牛乳パックについた。ペーパー芯を牛乳パック底の凹側になる穴に差し込むと、今度はパーツ同士の高さが合わなくなり、グラグラして安定しなくなってしまった（写真4）。❿リョウヘイは「あれ？　だめだ」と言うと困った様子で穴から外したり、付けたりする。「どうしようかねぇ…」と保育者も一緒に困っていると⓫ユウスケが牛乳パックの口の開いた側にペーパー芯側を差し込み、「ほら！（入った）」と言う。ユウスケは"いい考え"という雰囲気でいたが、⓬リョウヘイは「これじゃ、グラグラで…（意

写真4

写真5

味がない)」と言う(写真5)。

　保育者もどうしようかと悩んでいると、別の保育者が通りかかったので、相談する。「ゴムとかは?」とのアドバイスをもらう。⓭<u>リョウヘイはすぐに輪ゴムを持ってきてパックに貼り付けて、ペーパー芯で作った凸の部分を差し込んでみる。</u>⓮<u>やはりグラグラするので、リョウヘイは「これじゃだめだ…」と言い、ユウスケはその様子をじっと見ている</u>(写真6・写真7)。

⓭保育者のアドバイスを聞いて輪ゴムを使った方法をやってみる(対象との関わり)
⓮輪ゴムを使った方法では、問題が解決しないことに気付く(気付き・学び)

写真6

写真7

　しばらくしてリョウヘイは⓯<u>「あ!いいこと思いついた」と言い、今度はペーパー芯を写真8のようにつけ、そこに輪ゴムを引っかけようとする。</u>⓰<u>ユウスケもリョウヘイのしようとしていることが分かるようで、一緒に線路を押さえながら輪ゴムを引っかける。</u>ゴムの長さと引っ張り具合のバランスが合わず、効果が感じられない。⓱<u>リョウヘイはゴムを貼り付ける位置を変えて試すが、思う通りにならない。</u>

　その後も何度か貼り付ける位置を変えることを繰り返していたが、片付けの時間になってしまった。保育者は、「惜しいねぇ…デコとボコがある考えはいい

⓯失敗から、ペーパー芯を付ける位置を変えるという新たな方法を思いついてやってみる(対象との関わり)
⓰友達のしようとしていることが分かり、ペーパー芯に輪ゴムをかけたり、牛乳パックを押さえたりする(対象との関わり)
⓱うまくいくようにペーパー芯の位置を調整する(対象との関わり)

写真8

写真9

⓲思う通りにならなかったが、自分は良い考えを出せたという満足感をもつ（気付き・学び）

と思ったんだけどなぁ…。どうやったらうまくいくか考えてきて。先生もどうやったらうまくいくか考えてくる」と言うと、⓲リョウヘイがうれしそうに、「リョウちゃんはいい考えがいっぱい浮かんじゃうんだよな〜」と言って片付け始める。

　リョウヘイはタコ足に切り込みを入れることでペーパー芯がしっかりと接着でき、牛乳パックの穴にもぴったりと入ったことから、「今度こそうまくいくに違いない」と期待をもっていたと思います。しかし、立たせてみると高さがずれているという新たな問題が生まれてしまいました。いつも前向きなリョウヘイも、これにはがっかりしたようで、下線部⓾のように、すぐに次の解決策は思いつかず、困った表情で手元のペーパー芯を穴に入れたり、出したりする姿が見られました。そこでユウスケが自分なりの解決方法をやってみせるのですが、ユウスケの方法では、物理的にリョウヘイの思う通りにはならないということに気付き、リョウヘイは下線部⓬のように答えています。また、下線部⓭⓮では保育者のアドバイスを受けて、「これならできるかも」という期待をもって対象に関わる姿が見られました。しかし思うようにならず、この方法ではうまくいかないことに気付いています。下線部⓾の時とは違い、ゴムを使った方法のまま、改善できそうだという思いをもったのでしょう。下線部⓯では、輪ゴムとペーパー芯を貼り付ける位置を変えることを試みています。下線部⓯の方法では、ゴムの長さと引っ張り具合が要になってきます。下線部⓱のように何度も貼る位置を調節する姿から、うまくいきそうな手応えを感じながら取り組んでいることがうかがえます。あきらめずに繰り返し貼る位置を調整していたものの、左右のバランスなどもあり、うまくいきませんでした。しかし、下線部⓲にあるように、リョウヘイは「うまくいかなかった」ということよりも、「いい考えがたくさん出せた」というように前向きな満足感をもっていました。

　ユウスケは、他のメンバー同様、電車を作ったり、線路を走らせたりして遊ぶことを繰り返し楽しめました。4人の中では、自分から積極的に思いを表すというよりは、他の子どものしていることと同

じようにすることを楽しむ姿が多い子どもでした。「牛乳パックで線路を作る」目的ができた時や線路をつなげる方法を考えている時にも積極的に考えを出すというよりは、見ていたり、仲間が動いているのを見て動いたりしていました。下線部⓫では、今まで積極的に意見を出していた仲のよいリョウヘイが困っている様子を見てなんとかしたいと思ったのでしょうか。自分なりに解決方法を考え、手を動かして対象と関わっています。結果的に、ユウスケが考えた方法では解決しないのですが、ユウスケは思いを寄せ続け、下線部⓰では、リョウヘイのやろうとしていることが分かって手伝おうとする姿が見られました。ユウスケは具体的で合理的な解決方法を思いつくことはありませんでしたが「線路をつなげたい」という欲求・目的を持ち続けてリョウヘイの側で一緒に試行錯誤を続けたのではないかと考えられます。

子どもの学び

　この場面でのリョウヘイの学びについて考えてみます。リョウヘイはペーパー芯を牛乳パックの底面に開けた穴に差し込むという方法で「線路をつなげる」という目的を達成しようとしています。この場面では、ペーパー芯に切り込みを入れて貼ったことで、ペーパー芯が安定し、牛乳パックの底面に作った穴に差し込むということは成功しました。しかし「線路をつなげる」という目的を考えた時には、牛乳パック同士の高さがずれてしまうことは失敗と捉えられます。リョウヘイは目的が達成されるためにはどうしたらうまくいくかということを考え、自分の考えや行為によって目的が達成されたかということを意識しながら対象への関わりを続けていることが見て取れます。切り込みを入れたペーパー芯、穴の開いた牛乳パックの底面、輪ゴム、セロハンテープなどの素材を操作しながら、成功の方法を探る姿は対象についての学びであると言えます。接続部分の高さ、接着の安定度、輪ゴムの伸び具合と長さのバランスといったことを感覚的に感じ取りながら、学んでいると考えます。また、下線部⓱では、ゴムを付ける位置を繰り返し調整しており、対象との関わり方についての学びと言えます。「線路をつなげたい」という目的をもち続け、なかなかうまくいかない状況が続いてもあきらめずに取り組む姿や、「きっとうまくいく」という前向きな気持ちでアイデアを出し続ける姿は対象と関わる自分自身

の学びであると考えます。

環境の構成と保育者の援助

　この場面では、リョウヘイは「パーツをつなげたい」という思いが強く、失敗してもあきらめずに続けようとする姿が見られた一方で、ルカやタケルはなかなか線路がつながる見通しがもてないことで、飽きてきた様子が見られました。その温度差を感じた保育者は、リョウヘイの試行錯誤を成功させたい思いをもちつつ、早く線路が完成しないとルカやタケルの楽しさや「線路を作りたい」という思いが継続できないのではないかという焦りが出てきました。そこで、できるだけ時間をかけずに思いが実現するようにと、ペーパー芯の接着が終わる前に牛乳パックの底面に穴を開ける援助をしました。しかし、それが、新たな困難を生んでしまったのです。凸を作った後、凹を作るという手順を踏めば、穴の位置がずれることはなく、安定した線路になった可能性が高いでしょう。保育者の予想以上にパーツ同士をつなげるということがうまくいかず、保育者も一緒に悩んでいました。他の保育者からのゴムを使うという提案は、リョウヘイにとって「これならうまくいくかもしれない」という期待を生んで、試行錯誤を続ける意欲を継続させることにつながっていました。写真6・7のやり方ではうまくいかなくても、すぐにはあきらめずに下線部⓯のように貼り方を変えたり、下線部⓱のように貼り付ける位置を変えたりすることを繰り返している姿からも意欲が継続していることが読み取れます。側にいたユウスケはリョウヘイのやろうとしていることに心を寄せてじっと見たり、自分のできることをやろうとしたりしており、なかなかうまくいかない状況の中でも2人は楽しそうに過ごしていました。保育者はその前向きな姿に感心し、この試行錯誤がなんとか成功に向かい、達成感を得てほしいという思いをもっていました。なんとか良い方法がないか考えていましたが、その時には良い案を思いつくことができませんでした。結局、目的を達成することができずに片付けの時間になってしました。保育者は、前向きに試行錯誤を続けていることを認めたいという思いから、「惜しいねぇ」や「いい考えだと思ったんだけどなぁ…」という言葉をかけました。リョウヘイは保育者の声かけにうれしそうに「リョウちゃんはいい考えがいっぱい浮かんじゃうんだよな～」と答えています。リョウヘイは保

育者に認められてうれしい気持ちでこのように発言しただけでなく、失敗を繰り返し、長い時間をかけても目的が達成されなかったにもかかわらず、不満や残念さはほとんどなく、試行錯誤していることを楽しみ、取り組みそのものに満足感のようなものを感じているのではないかとも感じられました。

　その後、保育者は紙コップを使った凸凹の仕組みを思いつき、翌日リョウヘイたちに提案しました。リョウヘイの発案である凸凹の仕組みで、簡単にできる方法だったので、4人で線路をつなげ、電車を走らせて満足そうにしていました。保育者は、その姿を見てその後も線路作りを工夫していく姿が見られるのではないかと期待しました。しかし、4人の遊びの楽しさは、やはり電車を本物らしく作ることだったようで、線路作りでこだわることはなく、こだわって車両を作ることに興味が戻っていきました。

　この一連のエピソードでは、4人の子どもがそれぞれに試行錯誤する姿が見られましたが、同時に保育者もかなり試行錯誤していました。それぞれの場面で保育者がもつ願いや見通しと、子どものやりたいことやこだわりには少しずつのズレがありました。保育者は援助しながらそのズレを感じていました。子どもの願いややりたいことを子どものやりたい方法で実現するにはどうしたらいいかを考えるあまり、結果として子どもにとってやることが複雑になってしまったり、保育者の援助がかえって困難を生んだりしていることが分かります。また、後半部分では、リョウヘイの考えを聞いた保育者はリョウヘイの考えで進めようと無意識に決めてしまっていたと思います。周囲の幼児にリョウヘイの考えが伝わるように仲介することを意識した援助に偏り、一緒に遊ぶ仲間の考えを聞き出そうする援助は不足していたと振り返ります。そ

のため、最初は4人で「線路を作ろう」と目的をもって始めたのにだんだんとリョウヘイと保育者の試行錯誤にすり替わってしまい、ルカやタケルが飽きてくるという状況を生んでしまったのでしょう。複数の子どもで試行錯誤する時には、相手の言っていることややろうとしていることが分かるように仲介したり、「こうしようと思ったのにここがうまくいかないね」などうまくいかないところや考えるべきポイントを整理して共有できるようにしたりするなど、互いの意見を出し合いながら進められるよう支えることが大切であると学びました。

コラム ポタジエ、いい香り

　試行錯誤する子どもの姿は、日常のゆったりと流れる時間の中で、園庭の植物や自然との関わりの中からも、見出すことができます。

　4歳児学年では園庭にポタジエを作りました。ポタジエは、色とりどりの花や葉で目を楽しませてくれるだけでなく、子どもの育ちを支える環境となって、たくさんの恵みや気付きを子どもと保育者にもたらしてくれました。

●ポタジエって何？

　4月、私たちは、園庭にポタジエの環境を作る計画を考えていました。「ポタジエ」はガーデニングのスタイルの一種で、花・野菜・ハーブなど「多様な植物が種類の垣根を超えて、一緒に育つ」環境です。多様な植物同士が互いに助け合ったり、土の養分の偏りを防いだりすることで、薬品などの外からの力で管理しなくとも、それぞれの植物が本来もつ力で育っていくことができます。私はこのポタジエの考え方に、子どもたちの姿を重ね合わせてワクワクしました。「そんなふうに子どもたちも、その子らしさを尊重し合えたら……」と、思いを馳せながらポタジエ作りを始めました。

　ポタジエで多様な植物が育てば、見て楽しい、食べて楽しいガーデンになります。遊びの傍らに風景としてあるだけでも、じっくり観察しても、収穫して食べても、遊びに使っても良い、幅広い可能性を期待していました。

●ポタジエを作る

　まず、ポタジエの枠から手作りすることにしました。ポタジエの間を通って間近で草花を見たりハーブの香りを楽しんだり、中で野菜を収穫したりできるようにと思い、3つの区画に分けた構成を考えました。木枠の角は危なくないように角を取り、焼板加工をすることで薬品を使わずに腐敗を防止できるようにしました。

　土作りには特に力を入れました。私はこの土作りの経験から、子どもの

姿と重ね合わせて大切なことを学ぶことになりました。それは、植物が目に見えて伸びはじめる前に、しておくといいことがたくさんあるということです。

　私たちはまず、日当たりや風通しなどを考えた場所選びから始め、幼稚園の腐葉土置き場を掘り起こし、良い状態の腐葉土を運びました。赤玉土と混ぜて栄養や水はけを良くし、量も十分になるようにしました。その甲斐あって、ポタジエはこの後、とても豊かな実りの時期をむかえることになります。もしそのような施しが十分でなく、早く伸びろと水ばかりあげていたら、豊かには育たなかっただろうと思います。

　子どもにとっての土壌となるようなことは何か、考えてみました。この園では、子どもが安心して気持ちよく過ごせることや、それぞれの子どもがありのまま受け入れられること、子どもの好きなことにそれぞれのペースで向かえることを大切にしてきました。それらは、「何かができるようになる」ような分かりやすい育ちの前にあり、学びとしては見えにくいことでした。しかしそれがどんなに大切なことか、ポタジエ作りを通して、思い知らされるような気持

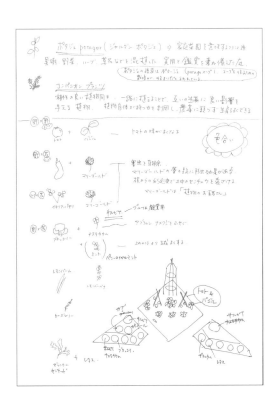

125

ちでした。

　何を植えるか考える時には、お世話になっている園芸屋さんから、細かくアドバイスをいただきながら計画しました。例えば、バジルとトマトを隣に植えることで、トマトに付く虫がバジルを嫌うため、トマトに虫が寄り付かなくなり味も良くなるようにしました。彩りも、ナスの紫、マリーゴールドのオレンジ、シソの紫やハーブの緑、ベゴニアの赤など、さまざまな色を楽しめるように選びました。苗を植える際は、好きな遊びの時間に子どもと一緒に植えました。

●ポタジエとの生活

　ポタジエには、さまざまな香りのするハーブも植えました。レモンバームやタイム、イタリアンパセリなど、保育者が時々ちぎって香りを楽しんだり、食べてみたりしました。また、花や葉が生い茂れば、切って花瓶に挿し、保育室に飾っておきました。すると子どもは、その香りに誘われてポタジエを見に行き、さまざまな植物に出会ったり触れたりしていくのでした。

　保育者は、水やりや枯れた花摘み、野菜の剪定（せんてい）や支柱立てなどを、子どもたちの前で行うようにしました。すると、子どもも加わるようになり、ポタジエの変化を楽しみに世話をするようになりました。色水作りや戸外のままごとでは、ハーブの葉をちぎって使ったり、枯れた花を使ったりして遊びました。

　暑くなるとトマトの実が赤くなり、全員が少なくとも１つは食べることができました。

ナスは何度も収穫して、塩やごま油で揉み込んだり、味噌で炒めたりして味を楽しみました。

●ポタジエと子ども

　子どもたちはポタジエの環境の中で、すり鉢とすりこぎ棒を使った色水作りを盛んに行うようになりました。アオカも、拠り所とする友達と一緒に、青いセージの花の色を楽しんだり、レモンバームの香りを楽しんだりしていました。

　ある日、アオカがテラスからポタジエを眺めながら、保育者に「外靴履いて見に行っていい？」と聞きました。アオカが行くと後からユウコも行き、2人で野菜やハーブをじっと眺めていました。保育者が「いい匂いするよ」と言ってレモンバームの葉をちぎると、「あ！ほんとだ！」と言って、アオカもユウコも同じようにちぎりました。イタリアンパセリやバジル、レタスなども同じように少しちぎっては匂いをかぎ、「さわやか〜」と言ったり、レタスを食べて「苦い」と言ったりしていました。自分で挽いでトマトも食べました。

　静かに繰り返した後、アオカは自分から「水やりする」と言って、ジョウロで水やりを始めていました。

　アオカには、慎重な一面があり、それまで幼稚園でのほとんどの時間を、拠り所としている友達の側で過ごしていました。そんなアオカが、自分から1人で外に出て行き、ポタジエの植物と関わる姿は印象的でした。アオカは、葉をちぎっては香りを感じることを繰り返すうちに、種類の違いによって香りが違うことに気付き、さらにまた香りを確かめ続けていました。アオカにとって、ポタジエが安心できる場所となり、その環境に自分なりに関わることを楽しんでいたように見えました。

　畑と言うと、「みんなで育てているのだから、子どもだけで入ってはいけません」「勝手にとってはいけません」という約束があることが多いと

思います。ポタジエでどうして自由な関わりができたかというと、植物がとてもよく育っていたこと、ハーブの特質として、繁殖力が強く葉がたくさんあることが影響していたのだと思います。3つの区画に分けたことで通り道ができ、子どもが自由に行き来しながら植物に関わること

もできました。ちぎったりかじったりして香りや味を楽しんでも、大きく変わらない環境が保てていたのです。また、葉をちぎった時に、心地よい香りやさまざまな香りがすることで、子どもの「またやってみよう」という気持ちが引き出されていました。

● **ポタジエとの関わりから学んだこと**

　植物は何も言いません。でもポタジエの植物は、傍らに遊んでいる子がいれば、見守るようにただ咲いてくれました。世話をすれば、それに応じるように変化を見せてくれました。食べたい子どもには、それぞれの香りや味を感じさせてくれました。遊びに使うために葉をちぎっても、その行為を受け入れて、また葉を繁らせ続けてくれるのです。

　そんな関わり方は、人間の大人には難しいものだと思います。つい言葉で説明しようとしたり、目に見えやすい結果を焦ったりするものだと思います。でも子どもは、ただ傍らに寄り添ってもらったり、応じたり受け入れたりしてもらうことで安心し、自分から動き出すようになっていくのではないでしょうか。そこには子どもの意思があり、それがどれだけ尊いか、気付かせてもらった気がしています。

　日々忙しい中でも、何気ない子どもの姿に心をとめ、何をしているのかな、何が楽しいのかなと、思いやりのような共感をもって読み取ろうとすることで、子どもの学びや保育者自身の学びに出会うこともあるのだなと感じました。

3章

試行錯誤を
支える
保育実践

1 学びの営みとしての 試行錯誤の意義

はじめに

　この本は、園内の保育者が、思考力の芽生えに焦点を当てて、子どもの遊びの中の学びを捉えようとした園内研究のプロセスと成果をまとめたものです。学び（学習）は、一般的には経験による行動やその可能性の変化とされ、知識の獲得や技能の習得、感情や人格の形成につながるものです。学習は、このように広い意味をもつ言葉で、子どものあらゆる経験が、学びにつながる可能性がありますが、ここでは、園内研究のテーマとしてこれまでに取り上げたことがなく、子どもに育みたい資質・能力として、以前から重視されていた思考力の芽生え、特に幼児期ならではの試行錯誤に焦点が当てられました。

　まず、幼児期の子どもが「考えている姿」とはどういうものなのかについて話し合ったところ、机に座ってじっと考えている姿というより、身体を使って何かに取り組んでいる姿や、ものや人、状況と体を使って関わりつつ、思考している姿など、さまざまな姿が出されました。そこで、まずは、各保育者が、試行錯誤していると思われる姿を、それぞれ記録することにしました。各保育者が3・4・5歳の試行錯誤する姿の記録を取ってみると、あらかじめ、結果を予測し、試しているような姿、繰り返すこと自体が楽しく、結果には関心がないよう姿、結果を気にしてよく見ている姿、繰り返しながら、より難しいことをしようとしている姿などが見出されました。こうして、浮かび上がってきたのが、入園から卒園までに見られる４つの発達の様相です。「様相」という言葉は聞きなれないかもしれません。ここでは、変化していく途中で区切られた一つの状態を示す「段階」というよりは、長い見通しで変化していく姿に現れる特質を示す「様相」という言葉を使いました。これは、子どもが、工夫する段階になると、それができない段階には戻らないという不可逆的な方向性をもつと考

えられる変化です。行きつ戻りつダイナミックに変化していくが、徐々に発達していくと考えるものです。もちろん、その時々の関係性や状況によっては、工夫しないこともありますが、それができる潜在的資質・能力はもっていると考えます。私たちは、それぞれの様相ごとに、学びのプロセスや学びの内容、保育者の援助の特徴を見出していきました。

　しかし、最初から、このような研究の道筋が計画されていたわけではありません。教員それぞれが疑問を出し、議論を重ね、その時々の発見に導かれてまとまったものがこの研究です。私は、長年、大学で教員をしていますが、この研究期間に園長を兼任し、1メンバーとして、研究に参加することができました。そのプロセスは、参加者それぞれの意見が噛み合ったり、噛み合わなかったり、研究の方向が見えなくなったり、意見の対立から気まずい雰囲気が流れたり、対立が議論により解消されて充実感を感じたりして、実にダイナミックなものでした。私にとっては、保育実践のあり方を探求する共同体のメンバーの1人として、そのプロセスを内側から経験できる貴重な機会となりました。

1. 「試行錯誤」の意義

1）幼児期の試行錯誤の捉え方

　幼稚園における子どもの思考力の芽生えを考える時に考慮しなければならないのは、幼児期の発達的特徴です。通常、思考というと、多くの人は、考えるものや内容、事象などを静観対象として[1]、言語を通して考えるイメージで捉えるでしょう。しかし、私たちが育てたいのは、物知りだけの子ではなく、暮らしの中で関わりながら分かろうとし、変化し発達し続ける「生きる力」をもった子どもたち、文化を受け継ぎながらも、そこから新たな文化を創っていける子どもたちでしょう[2]。幼児期は、遊びや生活の中で、身体を通して対象に直接、働きかけ、試行錯誤しながら、学んでいく時期です。園内研究では、自由度の高い遊びの中で、子どもが身体を通して、ものや人、事象に働きかけ、試行錯誤していく姿の変化から、思

1　岡本夏木（1982）『子どもとことば』岩波新書

2　秋田喜代美（2000）『遊びでそだつ知を育てる保育』ひかりのくに

考力の芽生えのプロセスを見ていくことにしました。

2）試行錯誤の探求のスタート──心理学において試行錯誤はどのように捉えられてきたのか

　研究のキーワードとして「試行錯誤」が出てきた時に、私は、すぐに心理学の古典的学習理論を思い浮かべ、心の中で「古い！」「試行錯誤というキーワードでは、子どものさまざまな認知的発達に支えられる環境との関わりは説明できない」と思いました。ある保育者から「園長先生の専門は心理学なのだから、心理学の分野における『試行錯誤』について調べて、研究会で発表してください」と言われ、私は、古典的な学習理論における試行錯誤学習について発表しました。その結果、予想通りに保育者たちから「そんなネズミの実験から出てきた試行錯誤の考え方なんて、幼児には当てはまらない！」と一刀両断に切り捨てられました。幼児教育領域で考える「試行錯誤」と、古典的な学習心理学で扱われた「試行錯誤」があまりにもかけ離れていたからです。その時点で、私自身、心理学の歴史において「試行錯誤」の意味や位置付けがどのように変化してきたかを明確には把握していませんでした。その後、調べてみると、試行錯誤学習という言葉は、学習理論以降、使われなくなり、学習の心理学の歴史において、重要な古典的理論のキーワードの一つとしてテキストに記載されていることが分かりました。行動としての試行錯誤から、内面の認知や感情、動機付けへと焦点が当てられていったのです。以下、この目に見える行動を重視した理論から、内面の認知を重視する理論への変化を見てみましょう。それによって、この研究が取り上げた試行錯誤の意義がより良く理解できると思います。

行動主義理論から認知理論へ

　1994年に出版された教育心理学用語辞典では[3]、「試行錯誤」は「与えられた課題場面に対して、場当たり的な活動をあれこれ試しているうちに結果的に一つの解決にたどりつくこと」と説明されています。20世紀初頭から古典的な学習理論の流れでは、ネズミやハトに迷路課題等を与え、あ

3　岡本夏木・清水御代明・村井純一監修（1995）『発達心理学辞典』ミネルヴァ書房

る道を通り、脱出できると報酬としてエサを与え、その道をどのように学習するかなどの実験が行われていました。このような実験から導かれた結果では、でたらめで場当たり的に迷走した結果、たまたま正解に至り、エサがもらえる試行錯誤による学習は低いレベルで、その迷路の構図を見抜いて解決にたどり着く洞察（見通し）による学習が高いレベルとされ、試行錯誤から洞察による学習への変化が、発達の方向性であるとされました。これは、行動主義の心理学の考え方で、ある刺激（S）に対して、目に見える反応（R）だけを扱っていたので、S‐R理論とも言われます。古典的な学習理論では、学習が成立する条件として報酬や罰を重視していました。つまり、アメとムチで強化され、場当たり的な行動により成立するのが試行錯誤学習とされていたのです。

　その後、動物においてすら、報酬や罰は学習に不可欠ではないことを示す実験結果が得られるようになりました。例えば、迷路学習でエサを与えられないネズミは、まったく学習していないかのように迷路の中を動き回るが、途中でエサを与えられる条件に変えると、はじめからエサを与えられていた条件のネズミと同じ水準に追いつき、素早く迷路から脱出できるようになるという現象があります。これは、一見、迷走していて学習していないようでも、潜在的に学習が成立している（潜在学習）と考えられています。また、学習する動物が報酬や罰を与えられなくても、他の動物がある行動をとって報酬や罰を受けるのを見るだけで学習が成立すること（観察学習）や、高いところにあるバナナを取るために、練習しなくても、最初から、箱を重ねたり、棒を道具として使ったりして取ることができること（洞察学習）など、動物を対象としつつも、学習が単なる刺激と反応を報酬によって連合させるものではないことが強調されました。そして、それまでは、見えないブラックボックスとして問われなかった刺激と行動の間を媒介する内面、認知のあり方を問題にすべきであるという考え方に代わっていきました。この考え方は「認知論」と呼ばれ、1950年代後半頃より、大きな発展を遂げていきます。この言葉の中には、「内的な」という意味と、「高次の」という意味が込められており、広義の認知機能に支えられるプロセスとして学習が捉えられるようになりました[4,5]。

4　市川伸一（1995）『学習と教育の心理学』岩波書店

5　藤岡完治（1997）「学校を見直すキーワード──学ぶ・教える・関わる」鹿毛雅治・奈須正裕編著『学ぶこと・教えること──学校教育の心理学』金子書房

ピアジェの認知発達理論

　同じ頃、発達心理学者のピアジェ（J. Piaget）は、乳幼児の観察をもとに認知的な発達理論を展開しました。ピアジェは、人が主体的に環境に関わり、外界の事物を認識するための個体内部の思考の枠組み（機能）を「シェマ」と名付けました。例えば、乳幼児には、「ものをつかむシェマ」というつかみ方の行動シェマが内在しており、これによってさまざまなものをつかむことができると考えます。このシェマによってさまざまなものを取り込み、学習していく働きを「同化」と言います。一方で、ものをうまくつかめなかった時に既存のシェマ自体をそのものや状況に応じて変化させることを「調節」と言います。ピアジェは「同化」と「調節」を繰り返しながら、より適応的なシェマを形成していくことが学習であり、発達の過程であるとしました。行動の獲得だけでなく、知識の獲得についても、すでにもっているシェマで、新たな知識を同化したり、理解できない内容はシェマを調節して取り込む過程を発達と考えました。この認知的な考え方では、人間が、環境に主体的に働きかけ、自発的に法則を発見し、それを一般化する傾向を重視します。

　ピアジェ理論では、0歳代の後半の時期には、赤ちゃんも、身近な事象について素朴な仮説をもつと考えられています。例えば、たまたまベビーベッドの枠についているボタンに赤ちゃんの足があたり、結果的に「蹴った」時に、オルゴールメリーが心地よいメロディーとともに回ると、赤ちゃんは、それ以降、そのボタンを盛んに押すようになります。これは、ボタンを押せば、オルゴールメリーが動き、鳴るという仮説のもとに、蹴ることによって音が鳴り、回るかどうかを確かめる「心内実験」をしていると考えられました。自分の仮説を確かめるために、赤ちゃんは繰り返しボタンを足で蹴るという行為をするようになるということです。

近年の赤ちゃん研究

　さらに、近年の赤ちゃん研究においては、生後、より早い時期からの認知や感情の機能が示されてきています。例えば、ある現象を繰り返し見せ、その現象に慣れてきたところで、これまでとは違う意外な現象を見せると、赤ちゃんが動揺してしまうような結果を見い出した実験は多く行われています。これは、前の現象をじっと凝視し、記憶し、また、同じ現象

が出てくると仮説し、それを確認して、違う現象に遭遇すると、びっくりしたり、動揺したりするということで、予想外の現象という刺激と、驚きの反応との間に、いくつもの認知が機能しています。

　繰り返し同じ現象を見ることで、「〜になると、××になる」といった原初的な仮説を赤ちゃんでももつのだから、幼児が、仮説や予測をして、試行錯誤することは当たり前ではないかと思うかもしれません。しかし、生後すぐに示される前記のような試行錯誤と、子どもが幼稚園で示す試行錯誤は、発達上の意味が違います。発達の見方は、系統発生的な見方と個体発生的な見方に分けることができます。生後数か月の赤ちゃんが示す前記のような反応は、ヒトという種に組みこまれた系統発生的な発達の側面、つまり遺伝的な側面で、赤ちゃんでも認知できるんだとヒトという種の有能さを私たちに理解させてくれます。ヒトという種を系統発生的に見た場合、生まれたてから、ある種の因果関係や数の認知能力、善悪の原初的な感情をもって生まれてくるということを示した研究は多数あります[6・7]。この系統発生的な視点からの示唆は、人間には主体として環境に働きかける力や学習する力の芽が本来備わっていること、それにより、環境を主体的に探索する存在であるということです。一方で、幼児期の子どもの試行錯誤を考えると、乳児期の延長線上にあることは間違いないのですが、生後、数年間の言語、認知、身体や運動、感情等の発達をベースに、より複雑な関係性の中で、もの、人、状況と関わりつつ、たくましく知識や技術を自ら獲得していく点や、友達や保育者との対話の中で、概念を構造化していく点、子ども自らが、保育者の援助をうまく引き出し、問題解決しながら、自分の学んでいく点などに、幼児期の子どもの試行錯誤の特質があるのではないでしょうか。

　以上、身体で環境と関わりながら学んでいく幼児期の特徴から、試行錯誤が特に重要であることや、試行錯誤が、目に見える行動から、高次の認知機能に支えられた主体的な行動として捉えられるようになったことを見てきました。また、ピアジェが示した乳幼児期の思考の枠組とそれに支え

6　今福理博（2019）『赤ちゃんの心はどのように育つのか──社会性とことばの発達を科学する』ミネルヴァ書房

7　ポール・ブルーム著、竹田円訳（2015）『ジャスト・ベイビー──赤ちゃんが教えてくれる善悪の起源』NTT出版

られた試行錯誤の姿や、近年の赤ちゃん研究により、赤ちゃんでさえ、環境との関わりにおいて主体的で有能な面がたくさんあることが実証されてきていることが分かりました。保育者が、子どもの試行錯誤の姿から、それを支える内面の変化、すなわち思考力の変化を捉えることが重要で、それが、一人ひとりの思考力の芽生えを助長する確かな環境構成や援助につながっていくと言えるでしょう。

3）保育の中で「試行錯誤」はどのように位置付けられているのか

一方で、保育の観点からは、試行錯誤は、「環境へ主体的に働きかけ、課題に取り組んでいく探索行動あるいは課題解決行動」として広く捉えられ、学びに向かう姿として、一貫して重視されてきています。幼児期には、いろいろな意味がありますが、現行の幼稚園教育要領[8]では「幼児が身近な環境に主体的に関わり、環境との関わり方や意味に気付き、これらを取り込もうとして、試行錯誤したり、考えたりするようになる時期」とされています。大人が計画を立てて幼児に教え込んだり、トレーニングをすることが幼児教育だと考える一般の人もいるかもしれませんが、それは、幼児期の見方・考え方が生かされていない教育と言えます。幼児の学びあるいは知的発達は、幼児期の見方・考え方を生かして行う営みが不可欠です。その子どもにとって、独自の意味をもつもの、出来事に出会った時、自分らしい時間、空間、やり方で探索できること、そばに友達や保育者がいて、それを受け止め、見守ったり、必要な時に、援助や指導をすることにより、幼児の資質・能力の形成が可能になるのではないでしょうか。

2．この研究の意義

幼児期の見方・考え方や育みたい資質・能力の観点からこの研究の意義をみてみましょう。まず、幼児期の見方・考え方や「遊びの中で学びに向かう姿」の中核となる「試行錯誤」に焦点を当て、その質的変化の様相やプロセス、および学びの経験や、指導のあり方を探求したことは、幼児教

8　文部科学省（2017）『幼稚園教育要領』

育が最も大切にする子どもの姿や指導を研究として取り上げたということになるのではないでしょうか。この試行錯誤の変化は、環境への主体的な関わり方そのものの深まりであるとも言えるので、幼児教育の内容のすべての領域においても、重要な学びの姿だと思います。

1）4つの様相を見出した意義

次に、「試行錯誤」の4つの様相（質的変化）を支える要素として、「欲求・目的」「変化の意図性」「自覚レベル」の3つを見出したことは、この研究の最も大きな独自性と言えるのではないかと思います。他の研究を調べてみると、3歳の試行錯誤と4歳の試行錯誤、5歳の試行錯誤の姿は、保育者から見れば、随分違うのに、同じ「試行錯誤」という言葉で報告されていること、ある報告書では、思考力の芽生えの発達を示すのに、試行錯誤が年齢ごとに観察される頻度で示されていることがわかりました。発達の違いは、量の変化でも示せます。しかし、保育者が実感できる試行錯誤の質的変化は、回数では説明できないでしょう。冒頭でも述べましたが、私たちの園は、質的違いを見出すために、各年齢の事例を集め、丹念に読み合いながら、違いをいろいろな言葉で議論しました。そのプロセスで浮かび上がってきたのが、何をしたいか、目指したいかという「欲求・目的」と、もののもつ行為可能性の認識（アフォーダンス）が限定される時期から、自らの意図や目的に応じて柔軟に認識し、変化させていく「変化の意図性」、自分の行為に伴って生じる結果や、行為と結果の因果関係等を自覚する度合いの「自覚レベル」という要素でした。試行錯誤の質的深まりの要因としては、これ以外にもさまざま考えられますが、この3つは、学びの深まりを支える思考力の発達の次元そのものとも言えます。特に、3つ目の「自覚レベル」の変化は、心理学では、自らの行為をモニターし、結果を評価し、それに応じて行動を調整していくというメタ認知のプロセスとしても捉えられています。この3つの要素を組み合わせて、試行錯誤の事例全体を長い見通しで見直すと、4つの異なる特徴が浮かび上がり、それが保育者が保育の中で実感する幼児の姿の変化と一致したということです。これは正に、保育と心理学が交わるところで生み出された成果とも言えるでしょう。

2) 学びの内容を見出した意義

　また、試行錯誤の深まりの様相ごとに、学びとして何が生まれるのかという視点から、学びの内容を事例から推論して書き出しました。学びの内容については、「対象についての学び」や「対象との関わり方」について取り上げている実践研究が多い中で、「対象に関わる『自分自身』についての学び」を加えました。これは、学びに向かう力としての自らの心情・意欲・態度をどう経験し、認識し、対処していくのか、自分の個性や特徴にどのように気付き、さまざまな自分に出会っていくのかに関わる学びの側面です。自他の違いから自己のあり方に気付いたり、失敗感や葛藤、充実感や満足感、自信や自己肯定感等を具体的な経験を積みながら学んでいくことです。このような自分自身をどう認識していくか、つまり、もう一人の自分の声としてのメタ認知の発達が、子どもの自立した学びの姿を支えていくことになります。

3) 様相ごとの保育者の援助を見出した意義と課題

　試行錯誤を支えた保育者の援助についても、試行錯誤の深まりの様相ごとにまとめてみましたが、これは、保育者の援助が子どもの試行錯誤の質のみによって決まってくるわけではないだけに、大変難しい作業ではないでしょうか。おそらく、どの様相にも共通に見出される援助もあれば、各様相に応じた援助も見出されるかもしれません。また、同じ状況でも、子どもの特徴や、場の条件によって、援助が変化するかもしれません。この様相ごとの援助の振り分けの妥当性については、今後もさらに研究していくことが必要です。しかし、試行錯誤の質的深まりを理解することが、それをより深める援助につながっていくことを、この研究を通してあらめて実感することができました。

3. おわりに

　園内研究会で議論していた時、ベテランの保育者が「こんな研究、つまらない！」「私たちは、カテゴリーに分けるために研究してるんじゃない

と思います」と、発言したことがありました。この保育者は、穏やかではあるが、芯が強く、自分の考えを率直に発言する人でした。私は、その言葉に大変驚き、胸の内を見透かされたようなショックを受けました。なぜなら、それが、私の感じていた不安そのものだったからです。私たちは、日々の子どもの姿から、研究を立ち上げることの重要性を共通に認識し、その方法を貫いていましたが、4つの様相にとらわれるあまりに、この事例は「試す」、この事例は「工夫する」などと、分類する作業に奔走するようになっていたように思います。保育者の頭の中は、「試す」「工夫する」などの言葉がうずまき、子どもの姿を見れば、その言葉を当てはめようとしてるかもしれない、そして、このように分類することによって生き生きとした子どもの試行錯誤の姿が見えなくなってしまうのではないかなどと、私が心の中で不安に思っていた矢先のことでした。

　発達心理学の分野では、一般的には、多くの子どもの姿から、大きな方向性としての発達の道筋を長いスパンで捉えることとそのメカニズムを明らかにすることは中核的な課題です。ですから、私にとっては、子どもたちの試行錯誤する姿から4つの様相を見出したこと自体に研究の意義を感じていたのですが、実践者にとっては、生き生きとした事例から、興味深い情報を捨て、一般的な「試す」という言葉に置き換えることに意味があるのだろうかと思い始めていました。その不安が的中したような瞬間でした。私はあわてて「先生方がそのように感じるのであれば、4つの様相を考えるのはやめて、振り出しに戻って試行錯誤の事例を丁寧に記述し、それを支える思考力の芽生えを解釈していった方がいいのではないですか」と提案しました。すると、そのベテランの先生が、私の発言にがっかりしたような態度を示し、「私は、私たちが今、やろうとしている分析の意味を考えたい、私たちは何を明らかにしようとしているのかを、もう一度、見つめ直したい」といった内容の発言をしました。私は、こんなに議論が混迷するのであれば、これまでの議論を放棄し、実践者に丸投げしてしまおうとした自分の姿勢が見透かされたようで、本当に恥ずかしくなりました。立場や専門性が違う人間同士が、互いに率直に意見を出し合い、子どもの姿を探求していく関係性を共同体全体で築いていくことは、「言うは易し、行うは難し」のプロセスです。しかし、このプロセスにおいて、私を共同体メンバーとして受け入れ、率直に意見をぶつけてくる先生方に

よって、私の姿勢は徐々に開かれていき、外者としての研究会への参加姿勢が変化し、共同体内のメンバーになり得ていったように思います。気がつくと、私も、率直に自分の意見を言ったり、冗談さえも言えるようになり、園内研究の醍醐味や楽しさを感じるようになっていました。

　冒頭に示したように、3年間の研究の中で、さざなみが立ったり、大きな波で船が転覆しそうになったり、子どもの真の姿を発見する航海に疲れたりしました。保育実践と心理学の交わるところで、葛藤したこともありました。が、そうした議論を経てこそ、互いに納得できた時の達成感や充実感が大きいことも学びました。そして、園内研究会を重ねる中で、次第に、研究会が大変面白くなってきたと感じる教員が増えていったように感じました。ある日、コピー機の前で、中堅保育者が園長である私に向かって「先生、私、研究が面白くなってきました」と言いました。私は、「おっ、すごいね！」と伝えて、「私も同じよ」と心の中で思いました。教員一人ひとりが、いろいろな仮説をもち、それらを他の教員たちと率直に交わし合い、気付き合う姿、すなわち、試行錯誤する保育者たちの姿がそこにあり、対象についての学びや、保育者としての対象への関わり方の学び、対象に関わる自己の学びがそこかしこに生まれていたようです。保育者も、子どもと共に試行錯誤しながら、より良い保育を探求していく、試行錯誤しながら成長し続けていける園でこそ、保育者は、保育する喜びやその意味を探求する充実感を味わい続けていけるのかもしれません。

2 試行錯誤を促す協同性

1. 事例を振り返って

1) 遊びにみられる人との関わり

　試行錯誤するというと、一人であれこれ考える姿をイメージするかもしれません。しかし事例を振り返ってみると、どの事例においても子どもの試行錯誤は保育者や他の子どもによって促されたり、支えられたりしていることが分かります。

　例えば、エピソード2の3歳児ユウジは、偶然タライの中にあったジョウゴに興味をもち、その穴に水を入れてみます。ジョウゴは大人にとっては水を流す道具ですが、初めてこの道具に出会ったユウジはジョウゴに水を溜めるにはどうしたらよいかということに興味をもち試し始めます。道具の構造に反することに挑戦するわけで簡単ではありません。実現に向けていろいろと扱っているうちに、次第にユウジは熱中していきます。この間、他児との直接的な関わりはありませんし、逆に保育者はユウジが自分なりに存分にジョウゴと水の関係を試せるように、他児のためには別のタライを用意します。

　一見、他児との関わりは生まれなかったように見えるかもしれませんし、「ユウジ以外の子どもは登場しません」と記述されていますが、本当に関わりがなかったと言えるでしょうか。ジョウゴをタライに浮かべたのは他の子どもで、それがなければユウジの遊びは始まりませんでした。遊びという文化的実践においては、環境（モノや場）が他者と他者とをつなぐ媒介となります。ユウジ自身は意識しているかどうかは別にして、砂場という「場」で他の子どもが遊んでいるという状況が、傍らで遊ぶユウジにも影響を及ぼし、落ち着いてジョウゴに向き合う状況を生んでいたかもしれません。子どもは他児の遊びを目の端に捉えていて真似をしたり、使

っているモノに興味をもったりし、何らかの影響を受けています。

　また、保育者は「ユウジがものとじっくり関わりながら感じている面白さをこころゆくまで感じてほしいと思い、肯定的なまなざしを送り続け」ました。その後、ユウジは時折、保育者の方を見ては眼差しを合わせます。保育者から見守られている安心感がユウジの試行錯誤を支えていたことは確かです。保育者は子どもの試行錯誤を強め、支える大きな役割を果たしています。

　エピソード３の４歳児のトモヒロの事例も振り返ってみましょう。トモヒロはダンゴムシを元気にさせるために、他の場面における過去経験を生かして塩をかけてみようとします。その様子を友達が取り囲み見守っています。保育者は「トモヒロがダンゴムシを元気にしたいという欲求・目的を満たすためにダンゴムシ（対象）と何らかの方法で関わろうとする姿は、アツオたちにとって対象と関わるモデルとなっています。そして、アツオたちの見守る姿に支えられて、トモヒロは伸び伸びと対象と関わることができました」と記述し、一人の子どもの取り組みが周囲の子どもとの双方向性をもっていることを示唆しています。

　翌日、トモヒロはダンゴムシのための池を作ります。コウジが池の橋を木材で作ろうとする場面を先生は次のように捉えています。

　　　トモヒロはコウジが持っていた木材を取って「この橋はだめだ」と投げてしまった。するとコウジは、目の前にあったペットボトルの筒を見つけ、「こういうのはどう？」と言った。トモヒロは「いいね、いいね」と答え、アツオは「ここをダンゴムシが入るってことじゃない？」と言った。

「ダンゴムシのために池を作る→池を渡れるように橋を渡そう」というところまでは友達同士で共有されましたが、「何で作るか」という点で、コウジのアイデアはトモヒロに受け入れられませんでした。次にコウジが提案したペットボトルで落ち着きましたが、このように互いに納得できる着地点を探りながら遊びは展開していきます。

　５歳児になると、遊びの目的はより明確になり、その実現のための他者

との関わりもより協同的になっていきます。エピソード8では、4人の男児が電車の高架線路を作るのに、どうしたら牛乳パックを安定的に立てられるかを考えます。友達の「だめだ、うまくいかない」というつぶやきに気付いて手伝ったり、ある時は自然に牛乳パックを押さえ合うなどの行動をとったり、ある時は一人の子どものアイデアを他の子どもも受け入れたりしながら実現に向けて粘り強く取り組む様子が読み取れます。友達と考えを出し合い工夫することによって遊びはより面白くなるという体験を積み重ねることによって、子どもはより遊びの中で試行錯誤をするようになっていきます。

　本園では試行錯誤を4つの様相で捉えていますが（26頁の**表1-1**参照）、そのすべての背景に他者との関わりがあると言ってよいでしょう。

2）「共同」から「協同」へ

　幼稚園に入園した子どもは、不安な気持ちを抱えながら周囲を見渡し新しい環境に慣れようとします。そして安心して園生活を送れるようになると自己を発揮し、好きな遊びに取り組み、次第に友達との関わりが活発になっていきます。このような遊ぶ姿の中に見られる友達との関係性を「協同性」という観点から見てみると、大きく3つの段階を経ることが明らかになっています[1]。

　第1期は「初めての集団生活の中でさまざまな環境と出会う時期」です。この時期、保育者は子どもが家庭で遊び慣れている遊具を設定し安心感をもたせたり、はじめて出合う遊具や玩具を構成して興味・関心をもたせたりします。しかし、ただモノを配置するだけではそのモノの魅力は伝わりません。それを使って遊ぶ保育者や他児の楽しそうな姿が、「あの遊び面白そう」とか「あの道具を使ってみたい」という思いを引き出します。この時期はユウジの事例がそうであったように友達のしていることを感じながら、個々の遊びを楽しむ姿が多く見られます。「同じ場で見たり触れたり行為を模倣したりする」経験や、「場を共有してつながり合う気分を味わう」経験を通して、「共同する生活の経験」を深めていくことが

1　全国国立大学附属学校連盟幼稚園部会（2010）「協同して遊ぶことに関する指導のあり方」

期待されています。

　第2期は「遊びが充実し自己を発揮する時期」とされ、「協同の基盤となる経験」を積み重ねることが期待されます。共同とは暮らしの中で他者が力を合わせること、協同とはある目的に向かって心と力を合わせて協力して協調し合う関係性のことを指します。暮らしを共にすることによって生まれる親和性の上に協同性が育まれると言ってよいでしょう。この時期は自己発揮も十分に行われるようになりますから、他者との葛藤も生じます。それを乗り越えて、友達と共に遊びを作り出す経験や、イメージや考えを伝え合って表現する楽しさを味わう経験が協同性の基盤となると言われています。

　5歳児のエピソードに見られるように、第3期はますます人間関係が深まり、目的を共有しながら友達と相談しながら遊びを進めるようになります。グループや学級の中でそれぞれの持ち味が発揮され、その子なりの役割を意識して生活や遊びに取り組むようになります。保育者も少し先の目的をなげかけて、協力して活動を進め機会を設け、協同する経験の深まりを目指します。

　子どもたちは安定的な人間関係を土台に、取り組めば取り組むほど面白くなるという質の高い遊びの中で試行錯誤を繰り返し、考えて行動する力を身に付けていくのです。

2. 協同的な活動としての遊び

1）幼稚園教育要領にみる協同性

　平成30（2018）年告示の幼稚園教育要領では「幼児期に育てたい10の姿」が明示されました。その一つの「協同性」の柱では、「友達と関わる中で、互いの思いや考えなどを共有し、共通の目的の実現に向けて、考えたり、工夫したり、協力したりし、充実感をもってやり遂げるようになる」姿が期待されています。

　領域のねらいや内容にも試行錯誤に関する事項がさまざまなところで押さえられています。領域「人間関係」には、「友達と楽しく活動する中で、共通の目的を見いだし、工夫したり、協力したりなどする」という経験が

押さえられ、「考えたり、工夫したり」する、つまり試行錯誤する行為の深まりは、協力や協同という他者との関係性の深まりと共にあることが示唆されています。また、領域「環境」には「他の幼児の考えなどに触れ、新しい考えを生み出す喜びや楽しさを味わい、自ら考えようとする気持ちが育つようにすること」とあります。そこに参加したくなるような遊びがあったり、真似をしたくなるような友達の姿があったり、考えてみたくなる出来事に出会わなければ、試行錯誤し工夫しようとする姿は生まれないでしょう。学びとは他者と共にあるところに成立し、深まっていくものです。

　3歳児の事例のように、子どもは保育者との信頼関係を基盤にしながら遊びの中で自己を発揮します。遊びの面白さは他者と共有され、4歳児の事例のように次第により遊びを面白くする目当てを他者と共通にもつようになります。そして、5歳児の事例に見られるように、その中で、思いを伝え合ったり試行錯誤したりしながら、一緒に活動を展開する楽しさや共通の目的が実現する喜びを味わっていきます。この過程の中で子どもは、自分の思いを伝え合い、話し合い、新しいアイデアを生み出したり、自分の役割を考えて行動したりするなど、力を合わせて協力するようになるのです。そのプロセスでは自分と他児の思いや考えの違いにぶつかり合うこともありますが、それを乗り越え、互いの思いを受け入れ合うことによって遊びが面白くなる体験を積み重ねていくことによって、子どもたちの中に協同性が高まっていきます。

2）新しい学び観と協同性

　一人ひとりの子どもの学びが他者との協同的活動によって深まるという考え方は、新しい学び観に基づくものです。これからの時代に必要な資質能力は「21世紀型スキル」と呼ばれ、知識蓄積型の学力観から新しい学力観への転換が目指されています。変化の激しい今という時代に必要なのは、「何を知っているか」ではなく、知識や技能を活用して「何ができるか」を考え、他者と柔軟に関わりながらやり遂げる力であると言われています[2]。これからは正解ではなく、そのつどの最適解を他者と協同しながら

2　P. グリフィン他編、三宅なほみ監訳（2014）『21世紀型スキル』北大路書房

探っていく力が求められています[3]。

　だとすれば、このような資質能力は従来の一方向的な知識伝達型の講義では獲得されません。学び手自らが興味・関心をもって対象世界に関わり（主体的な学び）、問題を他者と共に協調的に解決しようとするプロセスの中で（対話的な学び）、対象への理解が深まる（深い学び）ことによって獲得されるものです。これがグループディスカッションや体験学習など、アクティヴラーニングが必要となると言われている所以です。グリフィンはこれを協調的問題解決と呼び、それぞれの子どもの認知能力の発達とともに、他者と関わる力の両輪が必要と述べています[4]。

　幼児期の遊びとはまさに協調的問題解決に向けたアクティヴラーニングです。子どもは生活の中でさまざまな対象世界に出会い、面白さを感じて関わっていきます。関わるとは対象がもつ可能性を引き出し、また自分の中の可能性が引き出されることであり、その相互作用の中で遊びが生まれます。子どもは遊びがより面白くなるように、さらに対象への関わりを深めるという循環が生まれますが、この循環の中で、子どもたちはどうしたらこの遊びがより面白くなるかを友達と考えたり、遊びの中で生じた問題をどうしたらよいか考え合いながら、そのつどの最適解（子どもにとっては面白さ）を追い求めます。結果として子どもは自分と世界との間に意味を見出し、モノの扱い方を学んだり、対象のもつ法則性や概念に気付いたり、また人との関わり方や自分自身への認識を深めていきます。

3）保育者に求められる「環境」への理解

　そのために重要なことが2点あります。一つは安心して自己を発揮できる仲間関係があるかということ。もう一つは試行錯誤をしてみたいと思える魅力的な遊び（環境）があるかどうかです。言い換えると、子どもたちが環境に主体的にアプローチしていかれるような生活や遊びが展開されているかということです。本項では後者に焦点を当て保育者の役割を考えてみます。当たり前のことですが、最も大切なのは子どもをよく見て理解することです。本園の保育者は試行錯誤という行為に焦点を当てて子ども

3　奈須正裕（2017）『「資質・能力」と学びのメカニズム』東洋館出版社

4　前掲書1

をよく見た結果、試行錯誤には４つの様相があることを明らかにしました。そして、そのうえで行った援助の傾向をまとめたものを見てみると（44頁の表1-7参照）、必要な保育者の基本姿勢は「受け止める」「共感する」「個のペースに応じる」というものです。そのうえで道具や環境の提案を通して仕組みや因果関係に気付かせるという援助が見られます。

　では、どのように環境を提案すると、子どもの気付きを促す援助になるのでしょうか。エピソード６の５歳児「サンタごっこ」を例に挙げて考えてみます。

　保育者はカナコ、ナナオ、マユミ、リクトの４人がサンタのソリを作りたいと言って段ボールを要求してきた時に、先々の遊びの展開を考えて材料を選択し提案します。段ボールといってもさまざまな強度、大きさがあります。保育者の選択基準は、「引っ張っても壊れない丈夫なもの」「台車に乗りそうな大きさ」というものでした。この選択の根拠になっていたのは、

①「スムーズにソリを動かす」ことに遊びの目的が移行している
②壊れやすい段ボールだと、遊び全体へのモチベーションが下がる可能性がある
③動かして遊ぶ中でも安全性を担保する

　子どもたちの遊びにおけるモノ作りの質は遊びの展開によって変化していきます。はじめはサンタの帽子やベルト、トナカイの角を作ることが目的でしたから、互いに見合うことはあっても協力したり協同したりする必要はありませんでした。しかし、身に付ける物を作ったことによってサンタの行為のイメージが深まり、ソリを作りたくなります。段ボールに乗る人（サンタ）と引っ張る人（トナカイ）という役割が生まれ、どうしたらうまく動かせるかという協同的な問題解決の必要性が生まれます（①）。保育者の側にもここでどのような素材を提案することが適切かという判断が必要となります。このように環境は一度構成すれば終わりではなく、遊びの変化に応じて、常に見直し再構成する必要があるのです。

　どうしたら動くかという点を子どもに任せて試行錯誤を見守る援助もあったかもしれませんが、保育者はある程度適切な材料や用具を提案しま

す。そこには子どもたちの粘り強さといった内的な育ちと、解決のための協力関係といった友達関係の育ちへの読みがあります（②）。保育者はここで「サンタが乗ったソリをトナカイが引っ張る」という共通の目的が達成された時の成功の喜びが、次の遊びへの意欲につながると判断しました。

　子どもたちの協同的な試行錯誤がどの場面で発揮されることが遊び全体の進展において大切なのか。そして、そのために保育者は環境構成という足場をどのようにかける必要があるのか。保育者は常に遊びの状況と子どもの人間関係との総和の中で、判断しなければなりません。

3. おわりに

　子どもたちが協同しながら試行錯誤するようになるには、どのような環境を構成し、また、遊びの展開に即してどのように環境を再構成すればよいのでしょうか。適時的確な環境の構成・再構成を行うために、保育者にはその環境のもつ潜在的な可能性を十分に理解していることが求められます。環境に対する理解力は保育者の大事な専門性であり、これを高めるための研修研究を小学校以上の学校教育では「教材研究」と呼びます。保育の現場でも「教材研究」という言葉を使いますが、その意味するところは少し異なります。幼児教育は子どもの経験を読み取るところから次に必要な経験を導き出す教育ですから、保育の現場では、教材を何かを教えるのに適切な材料という意味を超えて、子どもがその向き合った環境から何を経験し得るのかを最大限に予想したり、子どもの経験をより深めるために適切な材料や素材は何かを探求したりします。そこで子どもが関わる可能性のある材料、素材、玩具等の物的環境をまとめて「保育材」と呼んだり[5]、豊かな遊びを引き出す環境を「遊誘財」と呼ぶのです[6]。

　砂場の砂は、ある子どもにとっては感触を楽しむ対象であり、そこにはすくえるシャベルや小さなバケツが必要かもしれません。気の合う友達と

5　公益財団法人日本教材文化財の研究財団（2016）「子どもの挑戦的意欲を育てる保育環境・保育材のあり方」

6　鳴門教育大学附属幼稚園（2011）「幼小接続の教育課程開発——遊誘財が引き出す科学的思考」研究紀要第45集

同じようにバケツに砂を溜めて遊ぶことに面白さを感じ始めた時には、
「同じ色のバケツを持つ」ことに意味が生まれますから、同型同色の道具
を複数用意する必要があるでしょう。また、ある子どもは友達と大きな穴
を掘って水を溜めることが楽しいかもしれません。そうであればバケツは
途端に砂を溜める道具ではなく水を運ぶ道具として使われます。そして、
もしそこに大人が使うような大きいバケツを意図的に置いておいたら、水
を溜めた時に到底一人では重たくて運べず、自然に協力する姿が生まれか
もしれません。「砂」と「バケツ」という同じ対象であっても、子どもが
何を経験しているのかによって環境と子どもとの間に生まれる関係性は異
なります。

　保育者が認識している潜在的価値を子どもに押し付けることはできませ
ん。子ども自身がその価値を認識し自分との間に意味を見出そうと思わな
い限り、その保育環境や保育材は意味をもちません。遊びの状況の中で、
子どもが意味を見出した時にそれは生きた保育環境・保育材に「なる」の
です。環境の構成・再構成を考える時の重要な原則と言えるでしょう。

3 学び合う教師

1. 教師が学ぶということ[1]

　教師の学びについて教育基本法[2]には、「法律に定める学校の教員は、自己の崇高な使命を深く自覚し、絶えず研究と修養に励み、その職責の遂行に努めなければならない」と示されています。教師という職業である以上、社会的使命として、職務として学ばなければなりません。例えば、キャリアステージに合わせた初任者研修、10年経験者（中堅）研修、免許状更新講習などは法的に定められた研修です。社会の変化や時代の要請、教育の現代的課題についてなど、最新の知識や技能を得るのは職務です。また、特別支援や幼小連携、危機管理、人権に関する理解などの課題について、各自治体、教育委員会主催の研修会もあります。

　このようなどちらかと言えば義務的な学びの場に対して、自主的に学びの場を得る教師もいます。教材研究や実技研修、幼児理解や個別の配慮など、自分の興味やニーズに合わせた研修会を選び自己研鑽しています。こうした研究会や研修会に自主的に参加したり、現職教員が大学院で学ぶ制度を活用したり、教員免許状を上進[3]させたりするなど、個人の意欲と意思によって教師として学ぶ機会の回数や内容はまったく違ってきます。

　義務として、また個人の裁量として学ぶことや、その内容を同僚と共有することも教師の学び合いにはなります。けれどもそれ以上に、園内研究（研修）や、園の業務、日常的な教育活動を通して学び合う機会が何よりも重要であると考えます。幼児期の教育の特質からすると、日常的な教師の学び合いは欠かせないものだからです。

1　本節では、「保育者」を「教師」と表す

2　教育基本法　（教員）第9条

3　幼稚園教諭二種免許状を一種免許状にしたり、一種免許状を専修免許状にしたりすること

2．保育の質は教師の学びの質

1）幼児期の教育の特質

　幼児期の教育は、子どもの主体的な活動である遊びを通して、必要な資質と能力が育つようにするものです。こうした遊びを中心とした保育は、実はとても難しい教育方法だと思います。なぜなら、子どもはいろいろな場所で多様に遊ぶため、教師はいくつかの遊びを同時並行して把握しなければなりません。個別の遊びを見るだけではなく、集団全体を俯瞰して、いくつかの遊びのまとまりを捉える力が必要になります。また、子どもの興味や関心に応じて遊びが展開していくため、教師の見通しや計画通りにはいかないこともあり、常に実態に応じた修正が必要になります。さらに遊びは、個人の育ちと集団の育ち、周囲の人・モノとの関わり、関わる対象の広がりや深まりなど、多様な要素が関連し合って変化していくので、育ちや遊びの質的変化を分析する力も求められます。

　こうした教育方法に加え、教育内容の面でも遊びを中心とする保育の難しさがあります。子どもに経験をさせたい内容は幼稚園教育要領等で示されていますが、その内容をどのような遊びや活動を通して身に着くようにするのかは教師に任されているからです。

　遊びは教師が構成した環境に子どもが関わることから始まり、そこで学びが得られるように援助するのも教師ですから、保育の質は教師の質が決定づけると言えるでしょう。こうした幼児期の教育の特質を踏まえると、日常的な教育活動を通して、子どもの実態を捉えることや遊びを理解すること、どのような環境を構成し援助していくのかなどについて、教師が学び合う機会は何よりも重要であるのです。

2）教師の学びの質

　佐藤は、教師の質は教師の学びの質であると述べています[4]。佐藤は「教師は一人では学び続けられないし、専門家として成長しない。そして学び

4　佐藤学（2014）「学びの質を高める教育」白梅学園大学子ども学研究所「子ども学」編集委員会『子ども学 vol.2』萌文書林、8〜23頁

成長し続けるためには、教師の学びと自立を支える専門家共同体の構築が必要である。優れた教師は、誰もが先輩や同僚から学び続けているし、自らの学びを支えるネットワークをつくりだしている」[5] と言います。

　つまり質の高い保育の実現には、互いに学び合う機能をもつ園のあり方や保育運営が肝心で、専門家共同体としての幼稚園組織を創ることが必要なのです。このような視点から、東京学芸大学附属幼稚園（以下、本園）ではどのようにして「教師の学びと自立を支える専門家共同体」ができているのか、教師はどのように学び合って、より良い保育の実践を創り出しているのかを、この機会にまとめていきたいと思います。

3．チーム保育で「専門家共同体」をつくる

1）2学級1学年運営のチーム保育

　本園は、3歳児から5歳児までの3学年150人定員で、各学年は25人ずつの2学級体制です。入園時に障害児枠を設けており、それ以外にも定員の1割程度は特別な配慮が必要な子どもが在籍しています。それでも担任以外のフリー教師は学年で1～2名を配置するのがやっとのため、3～4名の教師がチームを組んで学年全体の保育を推進しています。担任が自分の学級を中心に見るのを基本としながらも、遊ぶ場所を分担して援助したり、学年全体で活動したり、時には役割を入れ替わったりするなどして、チーム保育で運営しています。

　こうしたチーム保育という運営方針が、教師の学び合いを促しています。週1回の学年会で、その週の子どもの育ちを共有し次の保育の方向性や、具体的な遊びや活動を相談していきます。実践のよりどころとなる週日案は、この会議で相談したことを学年として1枚にまとめるのです。チームの構成員である教師全員が、翌週の指導計画の根拠となる実態を共有し、指導内容を共通理解して援助をすることができますし、教材や環境のアイデア、実行力という点でも、チームで一緒に進めるメリットがあります。コラム「ポタジエ、いい香り」（124頁）にもあるように、チーム

5　佐藤学編（2016）『学びの専門家としての教師』岩波書店、13～33頁

だからこそ、新たな環境作りにチャレンジして、そこから子どもの試行錯誤を引き出すことができたと思います。

チーム保育による学年運営では、

○一人ひとりの教師が自分なりの子どもの捉えや援助を率直に話しやすい
○互いの話を総合することで、多様な場所で遊ぶ子どもの姿を俯瞰できる
○他教師の話から自分とは違う捉え方や見方、視点を得ることができる
○週案立案の際、子どもが経験している内容（A）、次に必要な経験（B）、
　具体的な援助としての環境の構成（C）を一緒に考えることができる

などが可能となります。自分の援助行為を振り返り言葉にして話すことは、自己省察を深めることになります。そして、実態把握やそこからの保育の構築の難しさを個人の力量で超えるのではなく、チームとして一緒につくりあげていくことから「専門家共同体」となっていくのだと考えます。

2）園内外のつながりで学び合う

園全体で実践をつなげていく場としては、毎朝の職員朝会と定期的な研究会や職員会議をしています。職員朝会で各学年の「今日の保育」を話すこと、聞くことも、具体的な保育実践やその改善のプロセスを知る機会となっています[6]。先輩教師の語りを日々聞くことで、初任者も語りの内容が変化し、関連性のある語りができるようになる[7]など、職員朝会そのものが園内研修の役割をもつものとなっています。「今日の保育」を共有することで、園長・副園長、養護教諭、事務・用務員など、園全体でも子どもの育ちを支えるチームが機能しています。

さらに保育内容を充実させるために、園外の人材とも積極的につながりをつくります。子どもの生活を広げるために、教師がもっていない専門的

6　田代幸代・山田有希子「幼児の体験がつながる保育を構築する（2）──職員朝会での保育者の語りからカリキュラムマネジメントを考える」日本保育学会第71回大会ポスター発表、2018年

7　山田有希子・田代幸代「保育者の資質向上を図る──職員朝会での保育者の語りから初任者育成を考える」日本保育学会第72回大会ポスター発表、2019年

知識を園外の人材から取り入れるものです。稲作では地域の元理科教員や農耕機具を持っている地域の方、得意なことを活かしてもらう保護者の保育参加、専門性の高い大学教員、ボランティア参加の学生などとのつながりが、さらに園全体での専門性を高めることになっています。

3)「専門家共同体」を支える人間関係

　保育室、職員室、会議室でフォーマルに話し合うほか、集う場所としての台所の存在にも注目したいと思います。台所にはイスと机があり、みんなで座ると肩が触れ合うほどの狭い空間ですが、コーヒーとおやつが用意され、それぞれのタイミングで休憩に集まります。

　台所という場所の気軽さと、同じものを食べるという行為から、ごく自然と出てくる子どもの話で盛り上がります。「今日はこんなことがあって〜」「もう！聞いてくださいよ〜！」など、面白かったこと、すごいと思ったこと、困ったことなどが語られます。時には保護者の話や同僚教師の話になったり、家族や子育てなどプライベートな話になったりすることもありつつ、率直な語りで互いの人間性に触れ合うことができる空間です。休憩時間でありながら、保育について思わず議論となったり、まじめな人生相談になったりもします。台所でのコミュニケーションが互いに学び合える人間関係の構築をインフォーマルに支えています。信頼関係のある人間関係を築くことは、「専門家共同体」として学び合うためには必要不可欠です。

4．園内研究会（園内研修）で学び合う

　園内研修への取り組みは、多くの幼稚園等で課題となっています。その重要性・必要性は認識されていても、時間がない、うまく話し合えない、やり方が分からないなど、いろいろな理由から進まない現状があります。

　本園は国立大学法人の附属幼稚園ということもあり、研究活動は園の使命の一つでもあります。研究成果の発信や保育実践の公開、公開研究会の実施などに毎年取り組んでいます。それでも内容や進め方については、いつも悩み、試行錯誤しているのが正直なところです。全員が参加しやすく

分かりやすい研究の推進は、研究主任や学年主任などの中堅にとって、キャリアに応じた教師としての発達を促す学びの機会でもあります。

　園内研究は、保育実践がより良くなるために行うものです。したがって、研究主題を決めて同じ視点から実践を見つめてみること、実践の記録や事例を共有していくこと、お互いの保育実践を見合って検討することなどを方法に位置付けていきたいと考えています。本書では「試行錯誤する子どもと教師」という研究主題や事例について１章で詳しく記されているので、ここでは保育実践を見合う保育検討会からの教師の学び合いを述べておきたいと思います。

１）一般的な保育検討会の課題

　そもそも互いの保育を見合う時間をどのようにしてつくったらいいのでしょうか、という質問を受けることがあります。ここは管理職の園運営の腕の見せどころです。教師全員が同じ時間帯にどこかの対象学級を一斉に見ようとすると、対象以外を臨時休園にするか、１時間程度遅れての時間差登園にするしか方法がありません。実際、本園ではその両方のやり方を保護者に協力してもらうことで実現させています。他にも、午前保育の曜日に対象学級だけ保育時間を延ばし午後まで保育を行い、他学級が降園後に見合う方法もあります。また全員で同じ時間帯を見るのは厳しくても、フリーや非常勤教師の協力を得てシフトを組み、30分位ずつ保育を抜けられるようにして他学級を見に行く方法もあります。いずれにしても見合う時間を工夫してつくることが、互いの保育について検討することの第一歩となります。

　実際に保育を見る時には、どこをどのように見るのか、その後の検討会では見たことからどのように意見を出し合うのかが問題となります。参観した保育者からの話は、子どもの姿を延々と語りがちで観察報告が長くなりやすい傾向があります。観察報告を聞くのはありがたいですが、自分の保育を今後どのようにしていけばよいのかが分からないままでは意味がありません。また、当たり障りのない感想や褒めて終わり、あるいは反対に保育者のいたらない点を挙げるだけでは建設的な検討会にはなりません。

2）記録を活用する[8]

　こうした課題を解決するために、本園では記録を活かした保育検討会を行っています。見てもらう教師は、前日の様子を【保育マップ型記録】（図3-1）として準備し、その中に保育における自己課題と、観察対象としたい遊びや子どもなどが分かるように印をつけます。記録には、事実だけを書くのではなく、その読み取りとして、経験している内容は何か（A）、次に必要な経験は何か（B）、具体的な援助としての環境の構成（C）の3点を書くことにしています。ここに記されている担任の自己課題にそって対象を観察し、担任が捉えている（A）（B）（C）との関連で保育を検討します。

　観察者は対象場面を観察後、検討会が始まるまでにA4判1枚の【Dシート】（図3-2）にまとめます。担任の自己課題を踏まえて対象場面の記録を整理、考察し、見ていない人にも伝わりやすいようイラストや写真を入れるなど工夫します。【Dシート】とは、担任保育者が捉えた（A）（B）（C）につながる（D）という意味と、Documentation（資料の活用）、Discussion（話し合い）、Describe（書き留める）、Decision（決めること）、Deepen（深める）などの頭文字である（D）という思いを込めて名付けました。保育検討会では、【Dシート】を全員に配り、それを見ながら話し合います。

3）記録をもとに話し合う

　こうした2種類の記録を活用することで、保育を見合って検討する貴重な機会が有効な学び合いの場となるようにしています。本書2章のエピソードの中には、こうした保育検討会で意見をもらったことからまとめたものや、園内研究会で事例検討した結果が集約されているものばかりです。その意味では、エピソード原稿は担任1人で書いたものではなく、チーム保育や園内研究会での教師の学び合いの成果であると言えます。

　例えば、エピソード3「ダンゴムシ公園を作ろう」（63頁）では、〈場

8　東京学芸大学附属幼稚園　平成26年度研究リーフレット「今日から明日へつながる保育　自己課題と向き合う記録の活用①」「同②」

図 3-1　保育マップ型記録：山崎奈美教諭

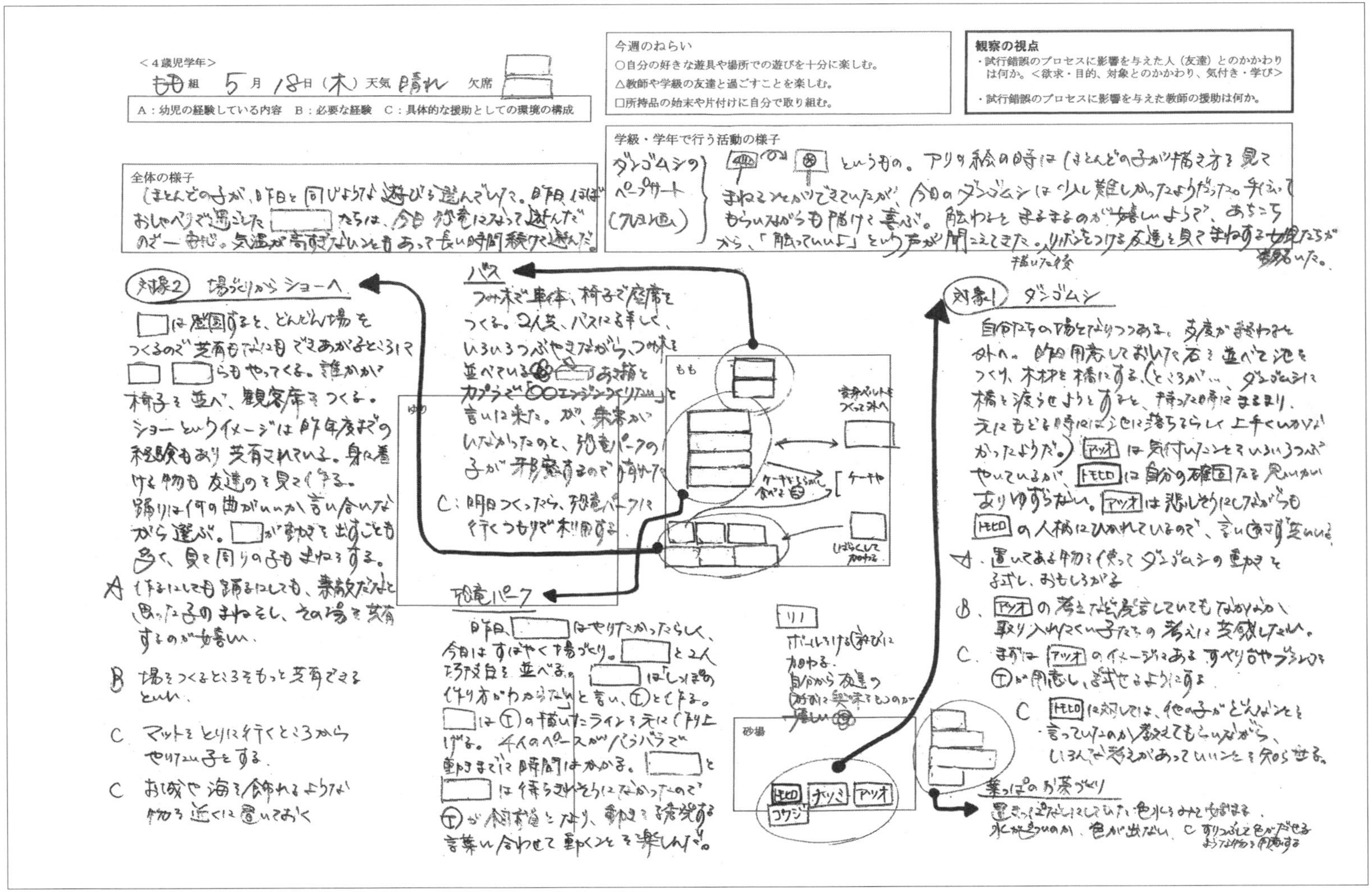

（□は個名、カタカナは仮名）

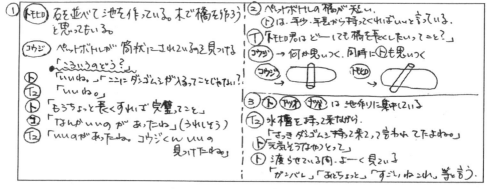
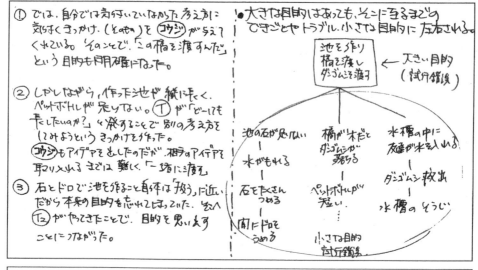

図 3-2　　Dシート：中野圭祐教諭（当時）

面2〉から〈場面6〉までが園内の教師が保育を見合う検討会でのできごとでした。前日からダンゴムシが遊ぶための公園を作ろうとする子どもの姿があり、山崎先生は、「橋を作ってダンゴムシを渡らせたい」という子どもの思いが実現するかどうか、その試行錯誤のプロセスに注目していたのです。そのため、池を作る石や、橋にする木材、ペットボトルなどの環境を用意していました。こうした実態の捉えと援助の方針が【保育マップ型記録】の記録と、(A)(B)(C)に記されています。

　検討会では、この場面を観察していた他教師から【Dシート】が提示され、具体的な教師の援助について議論されました。確かに、橋を作ってダンゴムシを渡らせたいという子どもの思いはありましたが、それだけではない以下のような4歳児5月の姿が語られました。

・友だちの魅力と対象（ダンゴムシ）への興味で遊んでいる
・気付きは自覚されにくく、やってみたり探してみたりすることが面白い
・その時々に起こる出来事に左右されながら、出来事自体を楽しんでいる
・水、砂など素材そのものの感触を楽しんでいた

　こうした姿を共有し、教師の援助について議論したのです。ダンゴムシが橋を渡る様子を教師が子どもに見せてもらう場面がありましたが、成功したのにあまり喜ぶ様子がないことに教師は疑問を感じていたそうです。他の教師から意見をもらうことで、子どもの遊びの目的を狭く捉えていたことに気付きました。そこから、「目的を意識しすぎた限定的な援助では、子どもの得る学びは限られてしまいます。子どもの主体的な動きを見守りながら、その都度の学びを得ていけるような教師の援助が必要であると考えます」という結論に至りました。

　保育中は、自分の援助をじっくりと考える余裕はありません。保育の援助は、瞬間的、直感的で、感覚的に行うことも多く、同じ場面は二度とありません。【保育マップ型記録】に書く時に、その時の直感や感覚を思い起こし、「どうしてそうしたのか」「次にどうしたいのか」という意図や願いをしっかりと言葉に置き換えて明らかにしていくことが大切です。一回性が高い実践ではあっても、こうした記録を書くことや保育を見合って検討することから、その時期の発達を捉えることや普遍的な保育の理論を見

出すことにもつながっていくことでしょう。正解が一つではないいろいろな可能性の中から、どこをひろいあげて実践をつないでいくのか、教師自身の試行錯誤は検討会という学び合いの中で整理されていくのです。

こうした本園の【保育マップ型記録】【Dシート】を活用した保育検討会は、田村のいう授業研究の課題とその改善策にも通じます[9]。田村は、イベントのような授業ではなく普段通りの授業を開くことが大切で、授業研究が良くなるためには参観者の実力こそが問われるべきと述べています。具体的な子どもの姿を明らかにして、問題状況の原因とその改善策を考え、より良い授業になるための代案を示せることが実力ある教師であるというのです。参観者も保育を見て、記録をまとめて、意見を述べることで、保育を公開した教師と共に学び合う保育検討会としていきたいものです。

5. おわりに

幼稚園という場所は育つ者の集まる場所であると思います。子どもが育つ場所であることはもちろんのこと、子どもの育ちを通して教師が育ち、保護者もまた育つのです。互いに育ち育てられ、成長していく場所が幼稚園なのです。津守も「保育者は、子どもが成長するのを助け、自分も人間の生涯の完成に向かって成長を続ける」[10]と述べています。

私たちも日常の保育を通して学び合う中で、教師として必要な資質・能力を高め成長を続け、さらに質の高い保育を実践していきたいと思います。

参考文献
秋田喜代美、キャサリン・ルイス編著（2008）『授業の研究　教師の学習』明石書店

9　田村学（2018）『深い学び』東洋館出版、222〜243 頁

10　津守真（1997）『保育者の地平』ミネルヴァ書房、279 頁

保育者の試行錯誤
──おわりにかえて

1. 私たちが "試行錯誤" したかったこと

　2009年発行の本園の実践を中心とした『今日から明日へつながる保育』では、「…私たちは、日々の保育の中で、子どもにとって体験はどんな意味をもつのか、子どもの発達に必要な体験とは何か、問い続けている」（中略）「行動は目に見えるが、体験している内容はなかなか見えにくい。子どもの体験を読み取るには、子どものしていることの意味を発見する保育者の存在が必要だ」とあります[1]。私たちは、今もなお、自分たちが大切にしたいものを大切だと感じるだけでなく、その理解をより深めたい、他の人にも伝え理解し合いたい、という思いをもち続けています。そしてその手がかりとして、今回 "試行錯誤" することにしました。

2. 試行錯誤を名付けることの意味
──4つの様相と3つの要素／内面の変化と試行錯誤のプロセス

　1章にあるように、私たちが子どもたちにとって必要な「試行錯誤」として捉えたい姿を、すべて「試行錯誤」という1つの言葉で表すのは難しく感じました。

　そこで、「試行錯誤」の姿に、あえて「扱う」「試す」「工夫する」「挑戦する」という4つの名前を付けること、その違いを「欲求・目的」「変化の意図性」「自覚レベル」という3つの要素の濃淡で見出すことにしました。試行錯誤という一色の地図に、区分けや色の違いを付け、「どの場所の姿なのか」「どんな色が重なっている姿なのか」ということを見えやすくしたのです。そのことで、子どもたちの姿を、ほほえましい姿として漠然と受け止めるだけでなく、より発達の見通しや、相互関係、全体の育ち

1　河邉貴子・赤石元子監修、東京学芸大学附属幼稚園小金井園舎編集（2009）『今日から明日へつながる保育──体験の多様性・関連性をめざした保育の実践と理論』萌文書林

等を意識したり価値付けたりすることができるようになったと感じます。

　また、内面の変化と試行錯誤のプロセスを捉えるために、「欲求・目的」「対象との関わり」「気付き・学び」という名前を付け、それぞれがどのようにつながったり行き来したりしているのかを見ていきました。これによって、平面的な位置や色付けだけでなく立体的な形として捉えられるようになったと感じます。

3．試行錯誤の学びを分析することの意味
──学びの内容／学び方と教師の援助

　試行錯誤に形が見えてきたところで、その中身を分析することにしました。そこで、「対象についての学び」「対象との関わり方についての学び」「対象と関わる自分自身についての学び」という、たとえるなら、3つの異なる網を用いて、子どもたちの試行錯誤の姿の中身をすくってみることにしたのです。

　当然のことですが、子どもたちの姿に同じものはありません。すくった中身は個別の事柄がほとんどで、膨大でした。それでも、すくいあげたものを1つ1つ取り上げて並べていくと、次の試行錯誤の姿や他の様相で捉えられる姿等を見る時に、「これもそうかも」「これはこうかも」と、気付きが連鎖し、分析する力が高まっていったように感じました。

　そして、たくさんすくえた中身をみると、網の中身ごとの傾向──つまり、3つの学びの内容が見えてきました。

　このように、様相や学びのプロセス等の名前や形をつけ、中身をすくいだして学びの内容を分析する中で、それぞれの試行錯誤の全体像というか雰囲気というか、「学び方」が捉えられてきました。これが、1章で記されている「扱う：感覚・運動を中心として学ぶ」「試す：直観的な仮説を通して学ぶ」「工夫する：これまでの経験や知識をもとにした仮説を通して学ぶ」「挑戦する：自己課題追求的に学ぶ」です。

　この「学び方」は、たとえるなら、試行錯誤の殻、のようなものでしょうか。ふわふわと形が定まらないような殻があれば、硬さも形もしっかりしているような殻もあります。そして、そのさまざまな殻──「学び方」──のありようによって、それを支える教師の援助の傾向も見出されてき

ました。大きく言えば、柔らかいものには柔らかく、確かなものには確かな力で、というようなつながりが見えてきました。

　例えば、ふわふわと形を成さないままの試行錯誤を楽しみ学びを得ている姿には、十分にその時を保障することがベースとなるでしょう。一方、思い描くものを見定めた試行錯誤の姿には、それにかなう教材研究に保育者が奔走することもあるかもしれません。学び方を見出したことは、保育者の援助の傾向を見出すことにつながりました。

4．試行錯誤は続く

　このように今回の試行錯誤について振り返りましたが、すべてが順番に、物事を決めたり整理したり見えてきたりしたわけでは決してありません。「卵が先か、ニワトリが先か」を常に繰り返していました。子どもたちの姿を見ながら名前を考え、「これこそ」という破片を集めながらそれに見合う網を決める等々、私たち自身が４つの様相を行きつ戻りつしていました。

　それでも、日々の保育の中では、保育者がちょっと気を留めた姿も目の前を通り過ぎていってしまったり、大事な姿だと思って記録に残しても膨大な量の中で中に埋もれてしまったりすることが、少しは見えやすく残りやすくなったと感じます。名前を付けるということは居場所を作るということであり、すぐに取り出したり、他の姿と比べたりすることができる、という意味がありました。また、居場所があることで、ぽろぽろとまとまらない個別の事柄をためておくことができました。

　ただし、今回の方法は、あくまでも自分たちが理解しやすくするための、また、たくさんの人と共有するための手段の１つです。

　例えば、内面の変化と試行錯誤のプロセスについては、時間や密度や頻度というものは捉えていません。同じプロセスであっても、１時間以上かかることもあれば、５分で終わることもあるでしょう。同じ時間がかかっても、ゆっくりと１つの方向に進んでいく場合もあれば、何度も往復する場合もあるでしょう。そして、集中の度合いが濃い場合もあれば、淡い集中の中でつながっていくこともあるでしょう。学びの捉えでも、それぞれの網ですくえたものを、すべて拾い上げることができたのか、１つのも

のだと思っていたがいくつかくっついていたものがあったのではないか、確かめるすべは無きに等しいです。そして、拾い上げたものの、大きさや小ささ、硬さや柔らかさ、密度の濃さ等々、は吟味していません。

　さらに言えば、やはり、「試行錯誤」を分かりやすく伝えやすく捉えることは非常に難しく、事例に取り上げたことの多くが作る場面となりました。体や気持ちのタイミングやバランスを図るような試行錯誤や、人間関係の中で気持ちの折り合いをつけたり物事を進めたりするような試行錯誤も、私たちはとても大切にしている姿ですが、自分たち自身でも、他の方に対しても、分かりやすい言葉に表すことができませんでした。

　このように、心残りは多々ありますが、試行錯誤は、「やった!!」という瞬間と果てしなく「次は」を求め続ける子どもたちの生活そのものです。喜びと前進を重ねる子どもたちと共に、私たちの試行錯誤はこれからも続きます。

監修者 ── 岩立 京子（いわたて・きょうこ）：3章-1
東京学芸大学教育学部卒業後、同大大学院教育学研究科修士課程を経て、筑波大学大学院心理学研究科博士課程単位取得退学。筑波大学心理学系技官を経て、1986年に東京学芸大学講師となり、1991年に筑波大学で博士（心理学）を取得。東京学芸大学教育学部教授を経て、2020年から東京家政大学教授。2014年から2017年まで、東京学芸大学附属幼稚園長を務めた。
主な著書：『保育内容 人間関係（保育・教育シリーズ）』（共編著、光生館、2018年）、『事例で学ぶ保育内容〈領域〉人間関係』（共編著、萌文書林、2018年）ほか

河邉 貴子（かわべ・たかこ）：序章、3章-2
東京学芸大学教育学部卒業。同大大学院教育学研究科（幼児教育学）修士課程修了。東京都公立幼稚園勤務、立教女学院短期大学助教授、同附属幼稚園天使園園長兼務等を経て、聖心女子大学准教授。2010年4月より、聖心女子大学現代教養学部教育学科教授、博士（教育学）。
主な著作：『遊びを中心とした保育』（萌文書林、2005年）、『目指せ、保育記録の達人！』（共編著、フレーベル館、2016年）ほか

中野 圭祐（なかの・けいすけ）：1章、2章エピソード7
東京学芸大学教育学部卒業。同大大学院教育学研究科（音楽教育学）修士課程修了。同附属幼稚園教諭を経て、2019年4月より、國學院大學人間開発学部子ども支援学科助教。
主な著作：『今日から明日へつながる保育』（共著、萌文書林、2009年）、『事例で学ぶ保育内容〈領域〉環境』（共著、萌文書林、2018年）、『幼児理解の理論と方法』（共著、光生館、2019年）ほか

編　集 ── 東京学芸大学附属幼稚園小金井園舎

著　者 ── 田代　幸子（共立女子大学家政学部児童学科教授）：3章-3
　　　　　曽根みさき（元東京学芸大学附属幼稚園教諭）：2章エピソード1
　　　　　町田　理恵（東京学芸大学附属幼稚園教諭）：2章エピソード2・8
　　　　　山崎　奈美（東京学芸大学附属幼稚園主幹教諭）：2章エピソード3・5
　　　　　田島　賢治（東京学芸大学附属幼稚園教諭）：2章エピソード4、コラム1
　　　　　菅　　綾　（東京学芸大学附属幼稚園教諭）：2章エピソード6
　　　　　吉川　和希（元東京学芸大学附属幼稚園教諭）：コラム2
　　　　　山田有希子（東京学芸大学附属幼稚園副園長）：おわりにかえて

遊びの中で試行錯誤する子どもと保育者
——子どもの「考える力」を育む保育実践

2019年11月1日　初版第1刷発行
2024年10月1日　初版第3刷発行

　　　　　　　　　監修者　　　　岩　立　京　子
　　　　　　　　　　　　　　　　河　邉　貴　子
　　　　　　　　　　　　　　　　中　野　圭　祐
　　　　　　　　　編　集　　東京学芸大学附属幼稚園小金井園舎
　　　　　　　　　発行者　　　大　江　道　雅
　　　　　　　　　発行所　　　株式会社　明石書店
　　　　　　　〒101-0021　東京都千代田区外神田6-9-5
　　　　　　　　　　　　　電　話　03（5818）1171
　　　　　　　　　　　　　ＦＡＸ　03（5818）1174
　　　　　　　　　　　　　振　替　00100-7-24505
　　　　　　　　　　　　　https://www.akashi.co.jp
　　　　　　　　　装丁　　　明石書店デザイン室
　　　　　　　　　印刷・製本　モリモト印刷株式会社

（定価はカバーに表示してあります）　　　　　ISBN978-4-7503-4837-7

JCOPY　〈出版者著作権管理機構　委託出版物〉
本書の無断複製は著作権法上での例外を除き禁じられています。複製される場合は、そのつど事前に、出版
者著作権管理機構（電話 03-5244-5088、FAX 03-3244-5089、e-mail: info@jcopy.or.jp）の許諾を得てください。

3000万語の格差
赤ちゃんの脳をつくる、親と保育者の話しかけ
ダナ・サスキンド著　掛札逸美訳　高山静子解説　◎1800円

ペアレント・ネイション
親と保育者だけに子育てを押しつけない社会のつくり方
ダナ・サスキンド、リディア・デンワース著　掛札逸美訳　◎1800円

遊び・育ち・経験　子どもの世界を守る
シリーズ・子どもの貧困②
松本伊智朗編集代表　小西祐馬、川田学編著　◎2500円

発達とレジリエンス　暮らしに宿る魔法の力
アン・マステン著　上山眞知子、J・F・モリス訳　◎3600円

小児期の逆境的体験と保護的体験
子どもの脳・行動・発達に及ぼす影響とレジリエンス
J・ヘイズ＝グルードほか著　菅原ますみほか監訳　◎4200円

アタッチメント・ハンドブック　里親養育・養子縁組の支援
ジリアン・スコフィールド、メアリー・ビーク著　森田由美、門脇陽子訳
御園生直美、岩﨑美奈子、高橋恵里子、上鹿渡和宏監訳　◎3800円

ピンクとブルーに分けない育児
ジェンダー・クリエイティブな子育ての記録
カイル・マイヤーズ著　上田勢子訳　◎2200円

イタリア・ピストイアの乳幼児教育
子どもからはじまるホリスティックな育ちと学び
星三和子著　◎3000円

世界の保育の質評価　制度に学び、対話をひらく
秋田喜代美、古賀松香編著　◎3200円

子育て支援における保育者の葛藤と専門職倫理
「子どもの最善の利益」を保障するしくみの構築にむけて
亀﨑美沙子著　◎3800円

子どもアドボカシーQ&A
30の問いからわかる実践ガイド
栄留里美編著　◎2200円

子ども若者の権利とこども基本法
末冨芳編著　◎2700円

子ども若者の権利と学び・学校
子ども若者の権利と政策③
末冨芳、秋田喜代美、宮本みち子監修　◎2700円

若者の権利と若者政策
子ども若者の権利と政策④
宮本みち子編著　末冨芳、秋田喜代美、宮本みち子監修　◎2700円

「多様な教育機会」をつむぐ　ジレンマとともにある可能性
公教育の再編と子どもの福祉①〈実践編〉
森直人、澤田稔、金子良事編著　◎3000円

「多様な教育機会」から問う　ジレンマを解きほぐすために
公教育の再編と子どもの福祉②〈研究編〉
森直人、澤田稔、金子良事編著　◎3000円

〈価格は本体価格です〉